clv

Jean Gibson

Mehr Schein als Sein

Sind alle Christen
wirklich Christen?

clv

Christliche
Literatur-Verbreitung e.V.
Postfach 110135 · 33661 Bielefeld

Originaltitel: I Am a Christian - True or False?

© 1998 by Fairhaven Bible Chapel
© der deutschen Ausgabe 2000 by CLV
Christliche Literatur-Verbreitung
Postfach 110135 - 33661 Bielefeld
Übersetzung: Martin Plohmann
Umschlaggestaltung: Dieter Otten, Gummersbach
Druck: Ebner, Ulm

ISBN 3-89397-436-9

Inhaltsverzeichnis

Einleitung -- 7
Werden nur wenige Menschen errettet? --------------------- 9
Ist ein falsches Bekenntnis möglich? --------------------- 17
Was muss ich tun, um errettet zu werden? --------------- 25
Was ist rettender Glaube? ------------------------------------ 34
Welche Hindernisse gibt es
für den rettenden Glauben? ---------------------------------- 46
Ist die Zuversicht auf den Himmel
etwas Gutes oder etwas Schlechtes? ------------------------ 61
Abtrünnige, fleischliche Christen
und sündigende Heilige -------------------------------------- 69
Was ist mit der Errettung von Kindern? ------------------- 75
Was ist mit denen,
die nie vom Evangelium gehört haben? ------------------- 84
Abschließende Zusammenfassung ----------------------------- 94

Einleitung

Als junger Mensch stellte ich mir Fragen über Gott: Was erwartet Gott von mir? Warum bin ich auf der Welt? Wo kann ich Antworten finden? Diese Fragen mögen für einen Jugendlichen überraschend erscheinen, der getauft und konfirmiert war, zur Kirche gehörte und regelmäßig die Sonntagsschule besuchte. Ich lernte biblische Geschichten, Bibelverse und Glaubensbekenntnisse der Kirche kennen. Doch irgendwie konnte ich all diese Dinge nicht sinnvoll zusammensetzen, was vielleicht auch mein Fehler war. Ich vermute jedoch eher, dass meine Lehrer nicht die Fähigkeit besaßen, die wesentlichen Lehren klar und deutlich zu vermitteln, die zu meiner Errettung notwendig waren. Ich *musste* Antworten auf meine Fragen *erhalten*.

Dieses Buch wurde geschrieben, um Antworten auf wesentliche Fragen hinsichtlich unserer Beziehung zu Gott zu geben. Jeder sollte diese Antworten bei der einzig vertrauenswürdigen Quelle suchen – bei Gott selbst. Ich habe die Antworten durch das Studium der Bibel bekommen. Aus der Bibel erfahren wir von Gott und Seinem Handeln mit den Menschen, was wir keiner anderen Quelle entnehmen können.

Jedes Kapitel dieses kleinen Buches spricht ein grundlegendes geistliches Thema an, welches von der Allgemeinheit oftmals nicht deutlich verstanden wird und für Verwirrung sorgt. Diese Verwirrung existiert leider ebenso bei vielen Kirchgängern, wie auch bei einigen Leuten aus bibeltreuen Gemeinden. Mit wenigen Ausnahmen erledigen unsere Bibellehrer ihre Aufgabe, unerlässliche geistliche Wahrheiten zu vermitteln, nicht sorgfältig genug. Jedes Kapitel verdient es, durchdacht und unter Gebet studiert zu werden. Sie sollten über diese Themen nachdenken und zu einer klaren biblischen Überzeugung gelangen, ganz gleich ob Sie nun jeder Behauptung des Kapitels zustimmen können oder nicht. Möge der Heilige Geist Sie beim Studium leiten, da es für jeden von uns wichtig ist, sich seiner Errettung sicher zu sein. Denken Sie daran, dass Sie die Frage: »Bin ich tatsächlich ein wiedergeborener Christ?«, vor Gott persönlich beantworten müssen. Ihre Antwort muss auf biblischen Fakten basieren, nicht auf menschlichen Hoffnungen. Sie wird Ihr ewiges Schicksal bestimmen. Bitte, bedenken Sie das sorgfältig.

Kapitel 1

Werden nur wenige Menschen errettet?

Kommen nur wenige Menschen nach ihrem Tod in den Himmel? Die Antwort der Schrift auf diese tiefgreifende Frage lautet »Ja«. Trotz der liebevollen Absichten unseres Gottes (Joh 3,16; 2Petr 3,9; 1Tim 2,4) werden die meisten Menschen nicht dort hinkommen. Als die Jünger den Herrn fragten: »Herr, sind es wenige, die errettet werden?« (Lk 13,23), beantwortete Er ihre Frage eindeutig: »Denn eng ist die Pforte und schmal der Weg, der zum Leben führt, und *wenige* sind, die ihn finden« (Mt 7,13-14). Die meisten Menschen wissen entweder nichts davon oder lehnen Seine Belehrung ab, aus welchen Gründen auch immer. Millionen von Menschen behaupten, dass sie Christen sind, bieten aber wenige oder gar keine Hinweise, dass ihr Anspruch mit der Bibel übereinstimmt. Auf Beerdigungen wird den Anwesenden regelmäßig versichert, dass die verstorbene Person nun im Himmel ist. Ist das immer zutreffend oder nur Wunschdenken?

Es ist eine Tragödie, dass die meisten Menschen heute zuversichtlich erwarten, in den Himmel zu kommen, egal wie fragwürdig ihr geistlicher Zustand ist. Einige von ihnen lesen nur selten die Bibel oder kennen die Lehre über die Errettung kaum. Und trotzdem besitzen viele weiterhin eine unerklärliche und unvernünftige Zuversicht, in den Himmel zu kommen. Es scheint das allgemeine Argument zu sein, dass »Gott einfach zu liebevoll ist, um mich in die Hölle zu werfen«. Viele denken, dass sie in den Himmel kommen werden, weil sie zu einer guten Kirche gehören oder überhaupt zur Kirche gehen. Es mag zwar sein, dass ihr Kirchbesuch etwas unregelmäßig ist oder gar nur gelegentlich vorkommt, aber sie meinen, dass ihr Versäumnis nicht weiter ins Gewicht fällt. Sie mögen annehmen, dass sie »grundsätzlich ein guter Mensch sind« oder wenigstens »kein schlechter«. Deshalb »wird Gott mich für den Himmel als gut genug ansehen«. Ist das wahr? Im Gegenteil, die Bibel sagt uns, dass in den Augen eines unendlich heiligen Gottes »kein Gerechter« vorhanden ist (Röm 3,10).

Wie stellt sich die Situation in der Welt hinsichtlich der Menschen dar, die sich selbst Christen nennen? Im Jahr 1980 schätzte E.R. Dayton in seinem Buch *To Reach the Unreached*, dass es ungefähr eine Billion »Christen« gibt; bei einer Weltbevölkerung von 4 Billionen Menschen wären das 25 Prozent. Im Jahr 1998 wurde die Weltbevölkerung auf 6 Billionen Menschen geschätzt. Man nahm bei gleichbleibendem Prozentsatz an, dass die Zahl der »Christen« bei 1,5 bis 1,8 Billionen liegt, was noch immer eine Minderheit bedeuten würde. Der Ausdruck »Christen« beinhaltet jegliche Art von Glauben, einschließlich Sekten mit ernsthaften Widersprüchen gegenüber grundlegenden biblischen Lehren. Er schließt ebenso alle getauften Personen ein, die vielleicht schon lange nicht mehr zur Kirche gehen. Viele Kirchen setzen bei der Taufe von Säuglingen und Kleinkindern »Paten« ein (die angeblich versprechen, dafür zu sorgen, dass die Kinder als Christen erzogen werden). Diese Taufe erfolgt üblicherweise durch das Besprengen der Stirn mit dem Kreuzzeichen. Ältere Kinder werden im Katechismus unterrichtet, wobei es vorwiegend auf bloßes Auswendiglernen ankommt (Glaubensbekenntnisse, Verse aus der Schrift wie beispielsweise die zehn Gebote etc.). Es wird angenommen, dass sie alles verstehen und glauben, was ihnen beigebracht wurde oder was sie behalten haben. Anschließend werden sie Kirchenmitglieder und können nach der »Firmung« unter der Leitung eines Bischofs das »Abendmahl empfangen«. Natürlich wird außer der Taufe keine dieser Einrichtungen in der Bibel erwähnt, noch wurden sie in der apostolischen Zeit von den Gemeinden des ersten Jahrhunderts durchgeführt. Die Voraussetzung zur Taufe ist echter, rettender

Glaube (Apg 8,36-37). Allein das Blut Christi nimmt Sünde hinweg, nicht das Wasser der Taufe (Offb 1,5; Hebr 9,22) oder irgendein Kirchenritual.

Evangelikale Gemeinden glauben, dass diejenigen gerettet werden, die das Evangelium hören und ihm gehorchen (1Petr 4,17; Apg 5,32). Obwohl genaue Zahlen schwer festzulegen sind, schätzt man, dass nur 300 bis 350 Millionen Gläubige zu evangelikalen Gemeinden gehören, in denen das Evangelium gepredigt wird. Diese Zahl macht ungefähr 25 Prozent der Menschen aus, die behaupten, Christen zu sein. Nur die größten Optimisten können glauben, dass jeder unter ihnen ein wahrhaft wiedergeborener Christ ist, der wenigstens geringe Anzeichen des neuen Lebens in Christus aufweist. Selbst 300 Millionen wären, gemessen an einer Weltbevölkerung von 6 Billionen Menschen, mit Sicherheit nur wenige. Wie sind sie der allgemeinen Praxis zufolge Christen geworden? Die meisten evangelikalen Gemeindemitglieder sind getauft und haben die Gemeindezugehörigkeit erhalten. Es gibt die weit verbreitete Überzeugung, dass dies alles Erforderliche beinhaltet. Wahrhaft rettender Glaube wird vorausgesetzt. Einige sogenannte »Christen« setzen ihre Hoffnung auf den Himmel in die Taufe und die Gemeindezugehörigkeit. Die Gemeinden sind nicht bereit, die Mitgliedschaft bei den Mitgliedern aufzuheben, die vom Glauben abgefallenen sind. Heute wird nahezu niemand aufgrund seiner Sünden ausgeschlossen, trotz der Aufforderung aus 1. Korinther 5.

Evangelisten halten manchmal eine Reihe von Evangelisationen oder »Erweckungsveranstaltungen« ab, wie sie gelegentlich auch genannt werden. Ich erinnere mich an ein Ereignis, das während einer dieser Erweckungsveranstaltungen geschah. Es war eine ältere Witwe beteiligt, die gewiss eine christliche Lebensführung hatte und eines der Treffen besuchte. Mehrfach rief der Prediger die Menschen am Ende seiner Botschaft in typischer Manier auf, dem Evangelium zu glauben. Zunächst bat er diejenigen nach vorne zu kommen, die errettet werden wollten. Da dies fast keinen Anklang fand, fuhr der Evangelist mit seinem Aufruf fort: »Diejenigen, die zum Herrn zurückgeführt werden wollen, sollen nach vorne kommen.« Anschließend forderte er auf: »Diejenigen, die dem Herrn ihr Leben ein weiteres Mal hingeben wollen, sollen nach vorne kommen.« Da er so wenig Zuspruch erhielt, rief er schließlich verzweifelt dazu auf: »Diejenigen unter Ihnen, die für den Herrn nicht so viel tun, wie sie es sollten, mögen nach vorne kommen.« Diesesmal fühlte sich die ältere Witwe angesprochen. Sie ging nach vorne und saß dort auf einem Stuhl wie eine »Fragende«. Der Pfarrer sprach sie zuerst an: »Sagen Sie mir, warum sind Sie nach vorne gekommen?« Sie antwortete mit zitternder Stimme: »Weil ich meine, dass ich nicht so viel für den Herrn tue, wie ich sollte.« Der Pfarrer erhob sich und sagte: »Wer tut das schon?« Anschließend ging er mit einem verzweifelten Seufzer weg.

Ein international bekannter Evangelist erzählte mir, dass er nach seinem Erfolg beurteilt wird, die Leute nach vorne zu ziehen. Er sagte: »Ich hasse es.« Woraufhin ich ihn fragte: »Wenn das so ist, warum zögerst du deine Evangelisationen dann am Ende mit diesen Aufrufen hinaus?« Seine Antwort lautete: »Es ist notwendig, um Ergebnisse zu erhalten – ich meine Zahlen.« Nach meiner Erfahrung gibt es wenige solcher »Bekehrten«, deren »Bekehrung« sich später als echt erweist. Ich war viele Male als Berater bei den »Missionsfeldzügen« des berühmtesten Massen-Evangelisten der Welt tätig. Wenn ich die befragte, die nach vorne kamen, stellte ich häufig fest, dass nur wenige von ihrer Sünde wirklich überzeugt waren und ein echtes Verständnis des Evangeliums besaßen. Wenn man sie fragte, warum sie nach vorne gekommen waren, antworteten sie oftmals: »Ich glaube, ich habe das Richtige getan. Es kann nicht schaden.« Aufgrund der Erfahrungen meiner und anderer Gemeinden schätze ich, dass nur eine erstaunlich kleine Minderheit dieser Menschen wirklich errettet war. Auch weiterhin gründet sich die himmlische Hoffnung ganzer Menschenscharen auf die Erfahrung dieser »Entscheidung«. Als eine »Entscheidung« wird fast jede der folgenden Reaktionen bei einer Evangelisation angesehen:

- »Ich bin am Ende einer Evangeliumsverkündigung nach vorne gegangen.«
- »Ich hob meine Hand, nachdem die Botschaft verkündet wurde.«
- »Ich sagte ›Amen‹ zu dem Gebet eines Anderen oder habe eine Gebetsformel nachgesprochen.«
- »Ich habe Gottes freies Geschenk der Errettung angenommen.«
- »Ich habe eine Entscheidungskarte unterschrieben.«
- »Ich bat Jesus, in mein Herz zu kommen.«

Lehrt der Römerbrief oder das Johannesevangelium solche Erwiderungen? Welchen Inhalt hat der Glaube der Menschen, die so etwas tun? Verstehen sie die Botschaft wirklich von Herzen? Man berücksichtige das, was oftmals nach einem derartigen Bekenntnis folgt. Beispielsweise stellt ein christlicher Mitarbeiter die bekehrte Person einem Anderen mit den Worten vor: »John ist kürzlich errettet worden. Preis den Herrn.« Vielleicht wird die Person auch öffentlich als »errettet« vorgestellt. Aber ich frage mich: »Wie kann der Mitarbeiter so vollkommen davon überzeugt sein, ohne einen Vorabdruck von dem Buch des Lebens des Lammes zu haben?« Es liegt eher in der Verantwortung des Bekehrten, seinen Glauben auch zu bekennen (Röm 10,7-10). Es sollte das Wort Gottes sein, das die eigentliche Grundlage zur Bestätigung der Errettung liefert – und nicht der christliche Mitarbeiter. Wer wäre sonst dazu berechtigt, einer anderen Person die Gewissheit der Errettung zu geben?

In solchen evangelistischen Praktiken wird der Same für ein möglicherweise falsches Bekenntnis des Glaubens gelegt. Es mag den Anschein haben, dass eine Person Christus als Erretter angenommen hat und an Ihn glaubt; es ist jedoch gefährlich, sie hauptsächlich aufgrund dieses Bekenntnisses in dem Glauben zu bestärken, dass sie in den Himmel kommt, ganz gleich welches Leben sie anschließend führt. Man nennt das die »ewige Gewissheit aufgrund des Bekenntnisses«, im Gegensatz zu der »ewigen Gewissheit aufgrund der wirklichen Errettung«. Es gibt keine Bibelstellen, die eine »ewige Gewissheit aufgrund des Bekenntnisses« unterstützen, aber die Schrift warnt sehr wohl vor der Verführung »mit leeren Worten« (Eph 5,6). Das bloße Aufsagen des »Gebets eines Sünders« garantiert keinem die Errettung, der es nicht ehrlich meint.

Es ist merkwürdig, dass in den heutigen Gemeinden, bei deren Führern oder Familienmitgliedern wenig oder keine Besorgnis über die Echtheit einer derart mutmaßlichen Beziehung zu Christus vorhanden ist. Viele Menschen halten über einen langen Zeitraum Kontakt zu einer bestimmten Gemeinde, da familiäre, freundschaftliche oder andere Bindungen bestehen. Man darf dies aber nicht mit einer Errettung verwechseln. Bei früheren Generationen bestand ein tiefes Anliegen hinsichtlich der Gewissheit, in den Himmel zu kommen. Anscheinend gab es eine größere Gottesfurcht, die »der Weisheit Anfang« ist (Spr 9,10). Das half, mit traditionellen Bindungen zu brechen. Heute ist das falsche Bekenntnis zu einer »verlorenen Lehre in der Gemeinde« geworden, die weder gelehrt noch in der Seelsorge oder in ausführlichen Büchern über die Errettung angesprochen wird. Das ist ein gefährlicher Verlust. Es gibt absolut nichts Schlimmeres, als zu sterben und vor Gott zu stehen, um dann vor Entsetzen festzustellen, dass man nicht zum Herrn in den Himmel kommt, wie man es erhoffte (vgl. Mt 7,22-23). Es ist tragisch, wenn man daran denkt, dass Ihre Freunde, Ihr Gemeindeleiter oder Lehrer oder Ihre eigene Familie tatenlos zusehen, wie Sie mit einer falschen Sicherheit durch das Leben gehen.

Sind Sie sicher, dass *Sie* unter »den Wenigen« sind, die Jesus meinte, als Er von denen sprach, deren Namen »in dem Buch des Lebens« geschrieben stehen (Offb 20,15)? Wenn das nicht der Fall ist, sollten Sie sich Gewissheit verschaffen. Überprüfen Sie sorgfältig und ausnahmslos die Lehre der Bibel über die Errettung, indem Sie jeden zutreffenden Vers genauestens untersuchen.

Fragen zum Selbststudium

Glauben Sie, dass die meisten bekennenden Christen von der Aussage Jesu überrascht wären, dass nur wenige auf dem schmalen Weg in den Himmel gelangen, der zum ewigen Leben führt? Welcher Grund ist denkbar, diese Behauptung in Frage zu stellen?

Weshalb sind sich die Menschen Ihrer Meinung nach heute sicherer in den Himmel zu kommen als noch vor 50 oder 75 Jahren? Früher dachten die meisten Leute, dass vor dem Tod niemand Gewissheit erlangen könnte.

Worauf gründet sich scheinbar das Vertrauen der meisten Menschen, die beanspruchen, Christen zu sein? Weshalb sind sie sicher, dass sie einmal im Himmel aufgenommen werden (Mt 7,21-23; Lk 13,23-27)? Untersuchen Sie gängige Gemeindepraktiken, Rituale oder »Sakramente« im Hinblick auf die Hoffnung, die einige haben.

Was mag an vielen gegenwärtigen Gemeindepraktiken irreführend sein, aufgrund derer eine Menge Leute überzeugt sind, Christen geworden zu sein? Schreiben Sie einige Methoden auf, die Ihrer Meinung nach fragwürdig sind und begründen Sie Ihren Standpunkt.

Kapitel 2

Ist ein falsches Bekenntnis möglich?

In der Überschrift dieses Kapitels ist die Antwort bereits enthalten. Das Thema beschäftigt sich mit der großen Gefahr der Selbsttäuschung, einschließlich seiner ewigen Konsequenzen. Die biblische Lehre des falschen Bekenntnisses wird in den Kirchen selten behandelt. Wieso wird sie ignoriert oder vernachlässigt? Es gibt mehrere mögliche Gründe, weshalb Kirchgänger und andere nicht gewarnt werden:

- Das Thema des falschen Bekenntnisses scheint negativ, beunruhigend und unangenehm. Es ist so wie mit der Lehre über die Hölle. Einige christliche Führungspersonen wollen es nicht lehren, wenn die Leute es nicht hören wollen. Das Gleiche könnte von den Eigenschaften Gottes gesagt werden, die wir vielleicht nicht schätzen, wie beispielsweise Sein Zorn, Seine Eifersucht oder gar Seine Heiligkeit. Wird das Ignorieren dieser Dinge etwas an ihrer Wahrheit ändern?

- Massenevangelisationen, »Missionsfeldzüge« und selbst Evangeliumsbroschüren und -traktate werden für gewöhnlich aufgrund der Zahl der »Bekehrten« beurteilt. Von offiziellen Sprechern werden Statistiken veröffentlicht. Prediger verwässern ihre Aufrufe zur Bekehrung. Wenn die Aufrufe vereinfacht werden, ist die gewünschte Reaktion leichter zu erhalten. »Komm zu Jesus! Das ist alles, was du brauchst«, ist ein typischer Appell. Abgeschwächt werden solch unangenehme Aspekte wie Sünde, die Notwendigkeit der Buße und die ewige Strafe für Ablehnende. Nachdem der Aufruf erwidert oder eine Entscheidung getroffen wurde, gibt es häufig wenig persönliches Bemühen, um den wirklichen geistlichen Zustand der Person festzustellen. Diese Art des Weiterführens kann das Verurteilen von Sünden oder ein tiefes Verlangen, dem Herrn folgen zu wollen, nur geringfügig – wenn überhaupt – zum Vorschein bringen. Alles wird so schmerzlos wie möglich arrangiert. Diese Evangelisationsversuche werden als »Leichtgläubigkeit« bezeichnet. Ist das die Art, in welcher der Herr Jesus, die Apostel oder die Propheten predigten? Warum predigen wir nicht so, wie sie es taten? Wieso wird eine »mit Zucker überzogene« Botschaft verkündigt?

- Viele der heutigen Evangelisationsmethoden meiden wichtige Themenbereiche, die behandelt werden sollten. Eine Frage wie beispielsweise: »Wer ist Jesus?«, wird nicht gestellt. Viele Christen befassen sich mit Fragenden nicht gründlich genug. Bei der Aussicht, einen Menschen zum Herrn zu führen, haben sie es zu eilig. Gerade so wie jemand, der besorgt ist, dass ihm beim Fischen die Beute wieder aus dem Netz springen könnte. Es ist wie mit dem Arzt, der eine oberflächliche Untersuchung vornimmt und anschließend beiläufig sagt: »Sie sind gesund.« Würde das dem Patienten Sicherheit geben?

Ein falsches Bekenntnis bringt einen Menschen in schreckliche Gefahr. Betrachten Sie die folgenden Verse, die den Sachverhalt aus unterschiedlichen Perspektiven beleuchten:

Die Kinder Abrahams, Isaaks und Jakobs wurden als »erwählte Menschen« bezeichnet (5Mo 7,6; Jes 44,1). Sie wurden auserwählt, um Gottes Absichten zu erfüllen, versagten darin aber. Ihre Auserwählung war mit einer Errettung nicht gleichzusetzen, obschon sie ihrer Beziehung zu Gott sehr sicher waren (Röm 2,17-29; 3,9). Tatsächlich waren viele jedoch nicht errettet, da sie Gott ungehorsam waren und lediglich auf ihre Rituale und Zeremonien vertrauten. Sie glaubten, etwas Besseres zu sein als die Nationen. Selbst Judas Iskariot war »erwählt«, doch der Herr nannte ihn einen »Teufel« (Joh 6,70). Er war nicht errettet. Der Herr warnte oftmals vor falschen Hoffnungen. Im Folgenden einige Verse zum Studium:

Matthäus 7,21-23: »Nicht jeder, der zu mir sagt: Herr, Herr! wird in das Reich der Himmel hineinkommen, sondern wer den Willen meines Vaters tut, der in den Himmeln ist. Viele werden an jenem Tage zu mir sagen: Herr, Herr! Haben wir nicht durch deinen Namen geweissagt und durch deinen Namen Dämonen ausgetrieben und durch deinen Namen viele Wunderwerke getan? Und dann werde ich ihnen bekennen: Ich habe euch niemals gekannt.« Seine Zuhörer hatten uneingeschränkte Erwartungen, in den Himmel zu kommen, und einige von ihnen mögen eindrucksvolle religiöse Referenzen gehabt haben. Trotzdem wird der Herr ihnen am Tag des Gerichts sagen, dass sie von ihm weichen sollen.

Matthäus 13,38: »Der Acker aber ist die Welt; der gute Same aber sind die Söhne des Reiches, das Unkraut aber sind die Söhne des Bösen.« Die gute und die schlechte Saat wachsen Seite an Seite. Das spricht von erretteten und nicht erretteten Menschen, wobei auch »Kirchenmitglieder« mit eingeschlossen sind. Bis zur Ernte ist es schwer, beide voneinander zu unterscheiden (Mt 13,30).

Matthäus 13,47-50: »Wiederum gleicht das Reich der Himmel einem Netz, das ins Meer geworfen wurde und Fische von jeder Art zusammenbrachte, das sie dann, als es voll war, ans Ufer heraufzogen; und sie setzten sich nieder und lasen die guten in Gefäße zusammen, aber die faulen warfen sie hinaus. So wird es in der Vollendung des Zeitalters sein: die Engel werden hinausgehen und die Bösen aus der Mitte der Gerechten aussondern und sie in den Feuerofen werfen: da wird das Weinen und das Zähneknirschen sein.« Hier stehen die »faulen Fische« für die unerretteten Menschen unter denen, die bekennen, sich im Reich Gottes zu befinden.

Viele Verse deuten ein unangebrachtes Vertrauen betreffs der Beziehung zum Herrn und zu Seinen Kindern an. Diese Menschen werden erstaunt sein, dass ihnen eines Tages der Eintritt in den Himmel verweigert wird. Einige Beispiele aus der Schrift:

Lukas 13,23-27: »Es sprach aber jemand zu ihm: Herr, sind es wenige, die errettet werden? Er aber sprach zu ihnen: Ringt danach, durch die enge Pforte hineinzugehen; denn viele, sage ich euch, werden hineinzugehen suchen und werden es nicht können. Sobald der Hausherr aufgestanden ist und die Tür verschlossen hat und ihr anfangen werdet, draußen zu stehen und an der Tür zu klopfen und zu sagen: Herr, öffne uns! wird er antworten und zu euch sagen: Ich kenne euch nicht und weiß nicht, woher ihr seid. Dann werdet ihr anfangen, zu sagen: Wir haben vor dir gegessen und getrunken, und auf unseren Straßen hast du gelehrt. Und er wird sagen: Ich sage euch, ich kenne euch nicht und weiß nicht, woher ihr seid. Weicht von mir, alle ihr Übeltäter!«

Judas 4.12-13.19: »Denn gewisse Menschen haben sich heimlich eingeschlichen, die längst zu diesem Gericht vorher aufgezeichnet sind, Gottlose. – Diese sind Flecken bei euren Liebesmahlen, indem sie ohne Furcht Festessen mit euch halten und sich selbst weiden; Wolken ohne Wasser, von Winden fortgetrieben; spätherbstliche Bäume, fruchtleer, zweimal erstorben, entwurzelt; wilde Meereswogen, die ihre eigenen Schändlichkeiten ausschäumen; Irrsterne, denen das Dunkel der Finsternis in Ewigkeit aufbewahrt ist. – Diese sind es, die Trennungen verursachen, irdisch gesinnte Menschen, die den Geist nicht haben.«

Nicht wiedergeborene Menschen können Führungspositionen in den Gemeinden einnehmen und trotzdem sind sie nicht mit dem Heiligen Geist versiegelt (Eph 1,13).

Ich predigte vor Leuten, mit denen ich Gemeinschaft hatte, die sich aber schon lange vom Glauben losgesagt hatten. Sie sind nicht »in der Lehre des Christus« geblieben (2Jo 9; 2Petr 2,1). Andere hinterließen Frauen und Kinder, um für den Rest ihres Lebens ein Leben der Unmoral zu führen; sie brachen jeglichen Kontakt zu Christen ab. Meines Wissens haben sie niemals Buße getan. Deshalb frage ich mich, ob ihr Glaubensbekenntnis je echt war. Sie haben ihre Errettung nicht *verloren*. Obgleich sie den Eindruck vermittelten, waren sie niemals errettet. Dies sage ich aufgrund der oben angeführten Verse und nicht, weil es meine subjektive Meinung ist. In Wirklichkeit schmerzt es mich sehr.

Andere Bibelverse rufen bekennende Christen auf, die Echtheit ihres Glaubensbekenntnisses an Christus zu überprüfen. Es ist sicherlich klug, dies zu tun. Denken Sie über diese Verse nach:

2. Korinther 13,5: »*Prüft euch*, ob ihr im Glauben seid, untersucht euch! Oder erkennt ihr euch selbst nicht, dass Jesus Christus in euch ist? Es sei denn, dass ihr etwa unbewährt seid.«

2. Petrus 1,10: »Darum, Brüder, befleißigt euch um so mehr, eure Berufung und Erwählung fest zu machen! Denn wenn ihr diese Dinge tut, werdet ihr niemals straucheln.«

Einige Bibelverse rufen zur besonderen Aufmerksamkeit gegenüber bestehenden Widersprüchen im Verhalten einer Person und seinem Glaubensbekenntnis an Christus auf. Solche Widersprüche zeugen davon, dass sein persönliches Bekenntnis falsch ist.

1. Johannes 2,4: »Wer sagt: Ich habe ihn erkannt, und hält seine Gebote nicht, ist ein Lügner, und in dem ist nicht die Wahrheit.« Fragen Sie sich selbst: »Wer ist in diesem Fall der Lügner?«

Jakobus 2,14: »Was nützt es, meine Brüder, wenn jemand sagt, er habe Glauben, hat aber keine Werke? Kann etwa der Glaube ihn erretten?« Solch ein »Glaube« ist kein errettender Glaube.

1. Johannes 2,19: »Von uns sind sie ausgegangen, aber sie waren nicht von uns; denn wenn sie von uns gewesen wären, würden sie wohl bei uns geblieben sein; aber sie blieben nicht, damit sie offenbar würden, dass sie alle nicht von uns sind.«

Bevor Johannes seinen ersten Brief schrieb, veranschaulichte der Herr diese Wahrheit im Gleichnis des klugen Mannes, der sein Haus auf den Felsen baute und stellte ihm den törichten Mann gegenüber, der sein Haus auf dem Sand errichtete (Mt 7,24-27). Der törichte Mann ist jemand, der »diese meine Worte hört und sie tut«. Das gewohnheitsmäßige Hören des Wortes Gottes, das keinen Gehorsam dem Herrn gegenüber zur Folge hat, kennzeichnet ein falsches Bekenntnis. Ein solches Bekenntnis ist fruchtleer, weil es nicht mit Gehorsam verbunden ist. Wir werden davor gewarnt, dass es einen Weg gibt, »der einem Menschen gerade erscheint, aber zuletzt sind es Wege des Todes« (Spr 14,12). Der Weg, der uns »gerade erscheint«, kann falsch sein und in die Verdammnis führen. Der Herr Jesus lehrte die Menschen, dass sie sogar vor der möglichen Existenz einer Hölle fürchterliche Angst haben sollten (Lk 12,4-5).

Der Herr sagte: »Jeder Baum, der nicht gute Frucht bringt, wird abgehauen und ins Feuer geworfen. Deshalb, an ihren Früchten werdet ihr sie erkennen« (Mt 7,19-20). Diese

Bibelstelle beginnt mit einer Warnung über den geistlichen Lebensweg, welcher eng ist und nur von wenigen gefunden wird (V. 14). Die Schrift erwähnt häufig falsche Religionen, falsche Propheten, falsche Apostel, falsche Lehrer und falsche Brüder. *Falsch* bedeutet in diesem Fall: nicht wahrhaftig in Bezug auf Gott. Durch die ganze biblische Geschichte hindurch haben sich viele gottlose Könige, falsche religiöse Führer und getäuschte Menschen für Gläubige gehalten. Obwohl Judas Iskariot ein Begleiter des Herrn Jesus war, war er »der Sohn des Verderbens« und kein Kind Gottes. Das Volk Israel wurde für Gottes Absichten abgesondert, damit sie »zum Licht der Nationen« würden (Jes 49,6). Leider versagten sie bei der Ausführung dieses Auftrages und entarteten in Verdorbenheit (Jer 2,21-22). Ihr Zustand wurde so schlecht, dass der Herr über sie sagte: »Denn sie alle sind Gottlose und Übeltäter« (Jes 9,16). Während Seiner Zeit auf Erden sagte der Herr zu den religiösen Führern: »Ihr seid aus dem Vater, dem Teufel, und die Begierden eures Vaters wollt ihr tun« (Joh 8,44). Diese »Söhne des Reiches werden hinausgeworfen werden in die äußerste Finsternis« zur endgültigen Strafe (Mt 8,12).

Wie könnten wir angesichts der oben zitierten Bibelverse bezweifeln, dass die Bibel von vielen Menschen berichtet, die zwar meinen, Gläubige zu sein, sich aber letztendlich vollkommen täuschen? Nach der Schrift beurteilt, ist ihr Glaubensbekenntnis oder ihr Anspruch, Nachfolger des Herrn zu sein, in vielen Fällen offensichtlich unwahr. Das Aufkommen von falschen Glaubensbekenntnissen ist zweifelsohne eine biblische Lehre. Viele Kirchenmitglieder oder getaufte Personen sollten vor ihrer ungerechtfertigten Selbstzufriedenheit gewarnt sein. »Niemand verführe euch mit leeren Worten!« (Eph 5,6).

Im folgenden Kapitel wird deutlich herausgestellt, was die Bibel über das Wie der Errettung lehrt. Lesen Sie es aufmerksam – mit der Bibel in der Hand.

Fragen zum Selbststudium

Was lässt Sie den Wahrheitsanspruch einiger Menschen hinterfragen, die behaupten, Christen zu sein? Warum?

Weshalb forderte der Herr Jesus viele »des erwählten Volkes« (der Juden) heraus, die glaubten »in das Reich der Himmel« zu kommen? (Mt 7,21-23; 13,38.47-50) Warum waren sie so überzeugt und inwiefern trifft das auf die Kirchenmitglieder von heute zu?

Was würden Sie entdecken, wenn Sie sich hinsichtlich Ihres Glaubensbekenntnisses an Christus prüfen würden? (2Kor 13,5; 2Petr 1,10)

Welche Widersprüche werden zwischen einem falschen Bekenntnis und dem wirklich rettenden Glauben in 1. Johannes 2,4; Jakobus 2,14 und 1. Johannes 2,19 angedeutet?

Kapitel 3

Was muss ich tun, um errettet zu werden?

Die Überschrift dieses Kapitels stellt eine gute Frage. Sie wurde ursprünglich von einem Gefängniswärter in Philippi gestellt (Apg 16,30). Jeder bekennende Christ sollte fähig sein, sie deutlich und präzise zu beantworten. Allerdings können dies viele nicht, was daran zweifeln lässt, ob sie in den Himmel kommen werden. Einige antworten, indem sie sagen: »Wir müssen an Gott glauben« – das tun aber selbst die Dämonen (Jak 2,19). Andere sagen: »Glaube an Jesus« – aber, was müssen wir über Jesus glauben? Wiederum andere sagen: »Bitte Jesus in dein Herz und du wirst errettet werden« – aber kein Vers der Schrift lehrt das ausdrücklich, nicht einmal Offenbarung 3,20. Auch der Römerbrief und die Briefe des Johannes, die wegweisende Kommentare über das Wie der Errettung liefern, lehren es nicht.

Wir müssen mit Christus als der Grundlage beginnen. Sein Tod und Seine Auferstehung sind absolut erforderliche Elemente des Evangeliums. Die Verse der Schrift, die den Inhalt des Evangeliums deutlich lehren, sind in 1. Korinther 15,1-4 zu finden. Durch das Hören und den Glauben an das Evangelium werden wir errettet und mit dem Heiligen Geist versiegelt (Eph 1,13). Somit treten wir in eine rettende und persönliche Beziehung zu Gott durch Christus ein.

Lassen Sie uns kurz die Wahrheit, die uns zur Errettung führt, und unsere notwendige Antwort überdenken:

Wir müssen erkennen, dass Gott uns liebt und Seinen eingeborenen Sohn für uns gab. »Denn so hat Gott die Welt geliebt, dass er seinen eingeborenen Sohn gab, damit jeder, der an ihn glaubt, nicht verloren geht, sondern ewiges Leben habe« (Joh 3,16). Erkennen Sie den Preis, den Gott bezahlte, um ihnen Seine Liebe zu zeigen?

Wir müssen erkennen, dass das Problem des Menschen die Sünde ist, die die Gemeinschaft mit einem heiligen Gott verhindert. »Denn alle haben gesündigt und erlangen nicht die Herrlichkeit Gottes« (Röm 3,23). »Eure Vergehen sind es, die eine Scheidung gemacht haben zwischen euch und eurem Gott, und eure Sünden haben sein Angesicht vor euch verhüllt, dass er nicht hört« (Jes 59,2). Diese Worte beziehen sich auf unsere persönlichen Sünden. Sind Sie von ihren Sünden überführt worden und darüber tief besorgt? (Apg 2,37). Warum sollten Sie zu dem Erlöser von Sündern kommen, wenn Sie kein Bedürfnis nach Seiner Vergebung haben?

Die Sünde zieht eine notwendige Strafe nach sich, welche nur auf eine einzige Art und Weise bezahlt werden kann. »Denn der Lohn der Sünde ist der Tod, die Gnadengabe Gottes aber ewiges Leben in Christus Jesus, unserem Herrn« (Röm 6,23). »Die Seele, die sündigt, sie soll sterben« (Hes 18,20). Der Tod ist die einzige Begleichung der Sünde, die von Gott akzeptiert wird. Ihre Sünden werden nicht dadurch vergeben, dass Sie um Vergebung bitten, so wie viele Menschen es glauben. Es gibt eine Bestrafung, die erfolgen muss und den Tod fordert – sie ist im übrigen als Todesstrafe bekannt. Entweder zahlen Sie sie oder ein anderer bezahlt sie für Sie.

Diese Strafe hat nicht nur den physischen Tod zur Folge, sondern auch den geistlichen, der die ewige Trennung von Gott darstellt. »Und der Tod und der Hades wurden in den Feuersee geworfen. Dies ist der zweite Tod, der Feuersee. Und wenn jemand nicht geschrieben gefunden wurde in dem Buch des Lebens, so wurde er in den Feuersee geworfen« (Offb 20,14-15). Fürchten Sie sich davor? (vgl. Mt 10,28). Falls Sie sich nicht davor fürchten, stellt sich die Frage: warum nicht?

Da Gott uns liebt, sandte Er den Herrn Jesus, damit Er an unserer Statt sterben und die Strafe stellvertretend für uns bezahlen sollte. »Gott aber erweist seine Liebe zu uns darin, dass Christus, als wir noch Sünder waren, für uns gestorben ist« (Röm 5,8). »Denn es hat auch Christus einmal für Sünden gelitten, der Gerechte für die Ungerechten, damit er uns zu Gott führe« (1Petr 3,18). Können Sie begreifen, dass Gott Ihren Platz einnahm, Ihr Stellvertreter war, um Ihre Sünden zu bezahlen? Es war die einzige Möglichkeit, Ihre Seele zu erretten. »Dem, der uns liebt und uns von unseren Sünden gewaschen hat in seinem Blute« (Offb 1,5 UELB). Ohne diesen Akt der Gnade würden wir alle in unseren Sünden sterben (Joh 8,24).

Sie können Ihre Sünden nicht selbst begleichen oder sich den Himmel verdienen, indem Sie einfach versuchen, ein guter Mensch zu sein. Gute Taten sind die Früchte eines umgestalteten Lebens, aber keine Möglichkeit, um sich die Errettung zu verdienen. »Denn aus Gnade seid ihr errettet durch Glauben, und das nicht aus euch, Gottes Gabe ist es; nicht aus Werken, damit niemand sich rühme. Denn wir sind sein Gebilde, in Christus Jesus geschaffen zu guten Werken, die Gott vorher bereitet hat, damit wir in ihnen wandeln sollen« (Eph 2,8-10). Kein Mensch kann den Anspruch erheben, gerecht oder gut genug zu sein, um Zutritt in den Himmel zu erhalten (Röm 3,10-12). Denken Sie, dass Sie eine Ausnahme bilden?

Obwohl uns Christus die Vergebung unserer Sünden durch Sein Opfer ermöglicht hat, müssen wir Gott eine Antwort darauf geben, um Sein Heil zu empfangen. Wahrer Glaube beinhaltet sowohl die Buße als auch die Lebensübergabe an Gott. Buße ist eine Änderung des Sinnes, dessen Ergebnis in der Hinwendung zu Gottes guten Wegen liegt. Buße ist notwendig, um mit Gott im Reinen zu sein. »So tut nun Buße und bekehrt euch, dass eure Sünden ausgetilgt werden« (Apg 3,19). Noch einmal: Was ist Buße? Es ist eine Änderung des Sinnes, aus der eine Lebensveränderung resultiert. »Der Gottlose *verlasse seinen Weg* und der Mann der Bosheit seine Gedanken! Und er kehre um zu dem HERRN, so wird er sich über ihn erbarmen« (Jes 55,7). »Die Buße zu Gott und der Glauben an unseren Herrn Jesus Christus« (Apg 20,21) sind zwei miteinander verknüpfte Wahrheiten, die nicht voneinander zu trennen sind.

Sie müssen Jesus Christus (den Messias) als Herrn und Erlöser aufnehmen. »So viele *ihn aber aufnahmen* [den Herrn Jesus Christus], denen gab er das Recht, Kinder Gottes zu werden, denen, die an seinen Namen glauben« (Joh 1,12). »Wer *den Sohn hat*, hat das Leben; wer den Sohn Gottes nicht hat, hat das Leben nicht« (1Jo 5,12). »Wenn du mit deinem Mund Jesus als Herrn *bekennen* und *in deinem Herzen glauben wirst*, dass Gott ihn aus den Toten auferweckt hat, wirst du errettet werden« (Röm 10,9). Eine Hochzeitszeremonie ist eine Illustration der Aufnahme von Christus als Herrn und Erlöser (Röm 7,3; Eph 5,22-30). Zwei Menschen empfangen einander gegenseitig und binden sich in einer treuen Beziehung. Ebenso verhält es sich, wenn man Christus aufnimmt.

Der Glaube ist der Weg oder die Bedingung zur Errettung. Wie wird dieser Glaube wirksam? Er erfordert mehr als das Aufsagen eines bestimmten Gebetes oder als die Bitte um Vergebung; er ist auch mehr als das Handheben bei Evangelisationen oder die verstandesmäßige Zustimmung zu biblischen Tatsachen. Er ist etwas, das den Verstand, den Willen und die Gefühle (Ihr ganzes Sein) in einer entscheidenden, ernsthaften, lebensverändernden Tat miteinschließt. Er ist der persönliche, umgestaltende Eintritt in ein neues Leben mit dem Herrn Jesus Christus. Im Folgenden sind die Schritte aufgeführt, die an verschiedenen Stellen der Schrift angegeben werden:

Sie hören die Botschaft des Evangeliums, glauben (d.h.

vertrauen ihr, verlassen sich auf ihre Wahrheit) und empfangen von Gott den Heiligen Geist (Eph 1,13).

Sie verstehen und sind überzeugt, dass Jesus Ihre Sünden durch Seinen Tod auf dem Kreuz bezahlt hat, von den Toten auferstanden ist und jetzt lebt, um Sie zu sich zu nehmen (1Kor 15,1-4).

Sie geben die Hoffnung auf, dass Ihr eigenes »Gutsein« oder der Versuch, die zehn Gebote zu halten, Ihnen die Gunst Gottes verschaffen könnte (Röm 4,4-5; Gal 2,16). Christus allein ist fähig, Sie zu reinigen. Die Erlösung ist Gottes unverdiente Gunst gegenüber Sündern (Eph 2,8-9). Wir sind der Annahme durch Gott unwürdig und können Sein Heil nicht verdienen.

Sie treten durch die Tür des ewigen Lebens, welche Christus selbst ist (Joh 10,9), nicht dadurch ein, dass Sie sich auf die Kirche, Rituale oder gute Taten berufen.

Sie beugen Ihre Knie vor Jesus als Ihrem Herrn und Erlöser, ohne alles zu wissen, was dies in der Zukunft zur Folge haben wird. Ebenso müssen einmal alle Menschen ihre Knie vor ihm beugen, selbst diejenigen, die Christus nicht angenommen haben (Phil 2,10-11). Sie müssen darauf vorbereitet sein, Jesus als Herrn vor anderen Menschen zu bekennen (Röm 10,9).

Sie sind durch das Empfangen des Heiligen Geistes in ein neues geistliches Leben geboren worden (Joh 3,6-7). Der Heilige Geist ist es, der Sie befähigt, ein verändertes Leben in der Kraft Gottes zu leben. Sie sind zu einer neuen Schöpfung geworden, sodass alte Dinge vergangen sind (2Kor 5,17). Sie sind vom Tod zum Leben übergegangen (Joh 5,24), von der Finsternis zum Licht (1Petr 2,9; Kol 1,13). Sie sind nicht vollkommen in Ihrem Leben auf Erden, aber Sie fangen ein neues Leben an, welches sich in dem Maße allmählich verändert, in dem Sie Christus erlauben, die Führung in Ihrem Leben zu übernehmen und Ihren Charakter zu formen.

Sie erkennen, dass Christus Sie mit der Absicht errettet hat, ein Leben zu führen, welches Ihm auf Erden folgt. Er händigt Ihnen keinen Fahrschein in den Himmel aus und lässt Sie anschließend allein, um ein Leben zu führen, das Ihnen gefällt. Jesus ist von nun an der Herr in Ihrem Leben, nicht mehr Sie selbst. Er ist Ihr neuer Eigentümer (1Kor 6,19-20).

Werfen Sie einen erneuten Blick auf die folgenden Fragen und überdenken Sie sie sorgfältig.

Haben Sie Ihre geistliche Not, Ihren Widerwillen und Ungehorsam gegenüber Gott erkannt? Wollen Sie entsprechend handeln? Häufig wollen die Menschen einfach nur den gegenwärtigen Problemen entkommen und sehen nicht ihr eigentliches Problem – die Sünde. Sie haben kein Bedürfnis nach der Vergebung Gottes.

Schätzen Sie Seine große Liebe zu Ihnen, die Er dadurch zeigte, dass Er Seinen geliebten Sohn auf die Erde sandte, um Sie sowohl für dieses Leben als auch für das kommende zu erretten? Sind Sie dankbar? Der Herr sagte, dass derjenige viel liebt, der empfindet, wie viel ihm vergeben wurde (Lk 7,47). Zu wenige von den Menschen, die bekennen zu glauben, lieben den Herrn wirklich für das, was Er für sie getan hat.

Wollen Sie vollkommen mit Gott versöhnt sein und dem Herrn Jesus *folgen* und nicht Ihren eigenen Plänen und Vorstellungen? Wollen Sie den Weg gehen, den Er in Ihrem Leben bereithält? Die Erlösung ist mehr als nur ein Fahrschein in den Himmel. Sie ist ein Zusammenschluss mit Ihm, eine Lebensgemeinschaft, die sich auf Ihr tägliches Leben auswirkt. Sind Sie *bereit*, sich von den bewusst falschen Dingen abzuwenden und sich Jesus als Ihrem Herrn und Erlöser zu übergeben? Es mag vielleicht unmöglich erscheinen, aber Sie werden nicht gebeten, ein Versprechen oder Gelübde abzugeben, sondern Ihre ehrliche Absicht zu erklären. Seine Kraft wird Sie befähigen, dieses neue Leben zu führen. Sind Sie dazu bereit?

Haben Sie ernsthaft und *ohne verstandesbedingte Zurückhaltung* in Demut und Zerbrochenheit zu dem Herrn Jesus gerufen, dass Er Sie erretten und die Führung Ihres Lebens in Seine Hand nehmen möge? Gibt es noch Bereiche in Ihrem Leben, an denen Sie festhalten, obwohl Er sie eigentlich kontrollieren sollte? Eine Lebensübergabe an Christus ist mehr als das Versprechen, »sich zu bessern«.

Wenn Sie das in aller Ernsthaftigkeit getan haben, dann *hören* Sie folgende Worte:

- »Denn jeder, der den Namen des Herrn anrufen wird, wird errettet werden« (Röm 10,13).
- »Wer zu mir kommt, den werde ich nicht hinausstoßen« (Joh 6,37).
- »Wer mein Wort hört und glaubt dem, der mich gesandt hat, der hat ewiges Leben und kommt nicht ins Gericht, sondern er ist aus dem Tod in das Leben übergegangen« (Joh 5,24).
- »Dies habe ich euch geschrieben, damit ihr *wisst*, dass ihr ewiges Leben habt, die ihr an den Namen des Sohnes Gottes glaubt« (1Jo 5,13).
- Schauen Sie sich das Wort »*wisst*« an. Es bedeutet, dass man nicht nur denkt, hofft oder sich einbildet, ewiges Leben zu haben. Mit dem Wort »*wisst*« wird eine Gewissheit ausgedrückt.

Ich habe mich mit vielen Menschen und ihren Fragen zum Thema Errettung befasst. Gott hat mir in Seiner Gnade das Vorrecht geschenkt, einige davon zu Christus zu führen.

Ihr anschließendes Leben *bewies* die Aufrichtigkeit ihrer Lebensübergabe. Trotz großer Sorgfalt meinerseits gab es auch andere Erfahrungen; ich habe mit mehreren Menschen gebetet, die offensichtlich falsche Bekenntnisse abgelegt haben. Sie haben mir Kummer bereitet. Ich fragte mich: »Was hätte ich besser machen können?«, und kam zu dem Schluss, dass der Fehler im Großen und Ganzen nicht bei mir lag. Häufig baten sie mich, mit ihnen zu beten und wollten sich sofort entscheiden, selbst dann, wenn ich ihnen vorschlug, es eine Zeit lang sorgfältig zu erwägen. Was lief falsch? Im Grunde genommen belogen sie den Heiligen Geist und gaben ein falsches Zeugnis vor Gott ab. In gewisser Weise mögen sie »geglaubt« haben, aber es war kein Glaube, der Buße und eine Lebensübergabe an Christus als ihren Herrn beinhaltete. Sie beanspruchten das Werk Christi nicht als ihre einzige Hoffnung zur Erlösung.

Lassen Sie uns hoffen, dass, wenn Sie mit Menschen beten, die sagen, dass sie errettet werden möchten, sie auch das nötige Verständnis und die entsprechende Aufrichtigkeit in ihren Herzen haben. Dann werden sie vorbereitet sein, ihrem Gott zu begegnen (Am 4,12).

Fragen zum Selbststudium

Was würden Sie antworten, wenn Sie jemand fragen würde: »Was muss ich tun, um errettet zu werden?«, oder: »Wie kann ich sicher sein in den Himmel zu kommen?« Schreiben Sie kurz die Hauptschritte und dazu passende Bibelstellen auf, die Sie dem Fragenden bei jedem Punkt zum Lesen vorlegen würden.

Was sind Ihrer Meinung nach die hauptsächlichen Hinderungsgründe, den Weg der Errettung zu verstehen, besonders für diejenigen, die (fälschlicherweise) glauben, dass sie Christen sind? Führen Sie *wenigstens drei* mögliche Bereiche auf, die für Verwirrung oder Missverständnisse sorgen könnten.

Schreiben Sie *wenigstens drei Fragen* auf, die Sie stellen würden, um das Verständnis und die Lebensübergabe derjenigen zu überprüfen, die bekennen, Christen zu sein.

Schreiben Sie kurz wenigstens eine Situation auf, in der Sie entweder versuchten, einen Menschen zu Christus zu führen oder in der Sie meinten, jemanden herauszufordern, bei dem Sie eine falsche Sicherheit vermuteten. Welches war das wichtigste Ergebnis dabei?

Kapitel 4

Was ist rettender Glaube?

»Ohne Glauben aber ist es unmöglich, [Gott] wohlzuge-
fallen« (Hebr 11,6).

Die Schrift sagt nicht, dass es schwierig sei, Gott ohne Glauben zu gefallen. Sie sagt deutlich, dass es unmöglich ist.
Glaube ist der Schlüsselbegriff zur Bestimmung unserer
Beziehung zu Gott. Er ist das gottgewählte Mittel, durch
welches wir die Vergebung unserer Sünden erhalten und
in das ewige Leben eintreten. Er ist der Kanal, der einen
sündigen Menschen mit dem heiligen Gott durch den
Herrn Jesus Christus und Seinem vollbrachten Werk vom
Kreuz verbindet. Wiederholt legt die Bibel dar, dass wir
durch Glauben gerettet sind. Der Glaube ist somit die
Grundlage dafür, dass Kinder Gottes ›Gläubige‹ genannt
werden (jene mit dem rettenden Glauben) und solche, die
Gott nicht gehören, als ›Ungläubige‹ (jene ohne diesen
Glauben) bezeichnet werden.

Was ist das Wesen des rettenden Glaubens? Wie wird er
gelebt? Was beinhaltet er? Was ist der Unterschied zwischen wahrem Glauben und einer Glaubensbekundung,
die in den Augen Gottes nicht echt ist? Viele Leute scheinen »an den Glauben zu glauben«. Sie sagen, dass wir glauben müssen, zeigen aber weitläufige Unterschiede bezüglich dessen, was sie glauben.

Eine humorvolle Geschichte mag das illustrieren. Ein junger Bursche wurde von einer Gruppe, die an die Dreifach-
taufe glaubte, durch Untertauchen getauft. Dies bedeutet,
dass sie den Täufling dreimal untertauchen. Der taufende
Pastor fragte den Jungen: »Glaubst du?« Und dieser antwortete: »Ich glaube.« Dann wurde er untergetaucht und
für eine ganze Weile unter Wasser gehalten. Als er auftauch-

te, wurde er wieder gefragt: »Glaubst du?« Und er erwiderte: »Ich glaube.« Wiederum wurde er untergetaucht und für eine noch längere Zeit unter Wasser gehalten. Er tauchte keuchend und nach Luft schnappend auf. Zum dritten Mal fragte man ihn: »Glaubst du?« Dieses Mal ging er in die Luft: »Ich glaube, dass du mich ertränken willst.« Diese Antwort war gar nicht so weit von der verwirrenden und ungenauen Vorstellung entfernt, die viele Leute von der Wassertaufe haben. Vom rettenden Glauben ist ein besseres Verständnis als dies nötig.

Beispiele für Glauben

Das Alte Testament liefert verschiedene Beispiele für Glauben. Das bedeutendste spricht vom Glauben Abrahams, da er in Römer 4 als Vorbild für rettenden Glauben zitiert wird. 1. Mose 15,6 sagt: »Und er glaubte dem Herrn; und er rechnete es ihm als Gerechtigkeit an.« Was glaubte Abraham? Er glaubte der Verheißung Gottes, dass er einen Sohn bekommen würde, obwohl er ein alter Mann war. Er glaubte, dass seine Nachkommen so zahlreich wie die Sterne sein würden. Das erste Mal zeigte er Glauben an Gott, als er Seinem Befehl gehorchte, Ur in Chaldäa zu verlassen (1Mo 12,1-4). Ebenso glaubte er Gott, als er Ihm in der Darbringung seines Sohnes Isaak gehorchte (1Mo 22). Abrahams Glaube bestand nicht in einer rein kopfmäßigen Zustimmung zu abstrakten Aussagen über Gott. Es war ein Glaube, der ihn zum Gehorsam führte.

Ein Ausdruck, der manchmal parallel zu »Glauben an den Herrn« gebraucht wird, ist »die Furcht des Herrn«. Diese Art von Furcht gründet sich in wahrem Glauben (5Mo 31,12-13). Hiob ist als jemand ausgewiesen, »der Gott fürchtet und das Böse meidet« (Hi 1,8; 2,3). Diese Worte verdeutlichen seinen Zustand sowohl in positiver als auch in negativer Weise. Als Abraham in Gerar sagte: »Gewiss gibt es keine Gottesfurcht an diesem Ort« (1Mo 20,11), beschrieb er eine Stadt, in der keiner dem wahren Gott vertraute. Den einzig wahren Gott zu fürchten, bedeutet Ihn zutiefst zu verehren. In der Antike hatten viele Menschen eine abergläubische Furcht vor zahlreichen falschen Göttern und bösen Mächten. Dies führte sie jedoch weder dazu, sich unausweichlich vom Bösen abzuwenden, wie es bei Hiob der Fall war, noch basierte es auf einer besonderen Offenbarung.

Im Neuen Testament bedeutet Glauben eine feste Überzeugung, die sich auf das *Hören* des Wortes Gottes gründet (Röm 10,17). Die Worte für ›Gläubiger‹ und ›Ungläubiger‹ stammen von diesem Wort ab. Die grundlegende Idee bezieht sich auf das Vertrauen hinsichtlich dessen, was Gott gesagt hat. Vertrauen bedeutet, eine feste Überzeugung zu haben und lässt auf eine Auslieferung an den Herrn und auf Gehorsam Ihm gegenüber schließen.

Gleichbedeutende Ausdrücke für Glauben

Es werden auch andere Ausdrücke verwendet, um die Art und Weise aufzuzeigen, auf die wir errettet wurden. Dazu gehört: Ihn aufnehmen (Joh 1,12), Hören des Wortes Gottes (Joh 8,47) im Sinne einer Erwiderung (Joh 12,47), den Sohn sehen (Joh 6,40; 12,45), zum Sohn kommen (Joh 5,40), den Namen des Herrn anrufen (Röm 10,13), Jesus als Herrn bekennen (Röm 10,9), sich an Ihn wenden (Jes 45,22) und Ihm folgen (Mk 2,14). Dieser Indikator (Ihm folgen) bedeutet etwa dasselbe wie »in Ihm bleiben« oder »verharren«, was der Erweis wahren Glaubens ist.

Keiner dieser Ausdrücke sollte überbetont werden, als ob er die Summe der Lehre über das Wie der Errettung enthalten würde. Durch Glauben nehmen Gläubige die »Gabe Gottes« (Eph 2,8) an. Die Errettung ist in dem Sinne eine Gabe, da sie nicht verdient werden kann. Sie ist kein Fahrschein in den Himmel, der bei kirchlichen Veranstaltungen ausgestellt wird, ohne Lebensübergabe an den Herrn und Vertrauen in Sein vollendetes Werk. Wenn man die Botschaft des Glaubens zur simplen Einladung komprimiert, diese »freie Gabe zu empfangen«, wird man damit der gesamten Lehre der Schrift über das Wie der Errettung nicht gerecht.

Das Gleiche könnte über die Reduzierung des Glaubens auf ein bloßes Bitten gesagt werden (Joh 4,10). Glauben ist mehr als Bitten. Ebenso wenig ist Offenbarung 3,20 eine angemessene Grundlage für den Rat: »Bitte Jesus, in dein Herz zu kommen«, um dadurch errettet zu werden. Diese Floskel ist eine der am häufigsten missbrauchten Errettungs-Formeln. Dieser Bibelvers wurde nicht in einem evangelistischen Zusammenhang benutzt. Der Abschnitt wurde der Gemeinde in Laodizea geschrieben, von welcher der Herr sagte, dass Er sie aus Seinem Mund ausspeien werde. Das zeigt, dass die Leute dort größtenteils unerrettet waren. Es war keine Formel für das Errettetwerden.

Gottes Wort als die Grundlage des Glaubens

Als der Kerkermeister von Philippi gerettet wurde, wird berichtet, dass er und sein Haus »an Gott gläubig geworden« (Apg 16,34) waren. Das spricht nicht vom Glauben an die Existenz Gottes, sondern vielmehr von dem, was Paulus und Silas dem Kerkermeister über den Herrn Jesus Christus gesagt hatten (Apg 16,31). Normalerweise glauben wir Dinge, die wir gelesen haben, die uns erzählt worden sind oder die wir aus einer anderen Quelle erfahren haben. Was ist die Grundlage dessen, was wir zu unserer Errettung glauben? Es sollte das Wort Gottes sein (1Thes 2,13; Röm 10,17). Der Glaube entsteht durch das Hören oder Lesen des Wortes Gottes oder durch eine Mitteilung der Diener Gottes über das, was Gott gesagt hat (Röm 10,14). Wir glauben dem »Zeugnis Gottes« in der Schrift (1Jo 5,9). Wir glauben, dass Gott in dem, was Er sagt, wahrhaftig ist, der Mensch jedoch ein Lügner (Röm 3,3-4). Wir glauben »in der Hoffnung des ewigen Lebens, das Gott, der nicht lügt, vor ewigen Zeiten verheißen hat« (Tit 1,2). Folglich ist der Glaube an das Zeugnis Gottes gebunden, das uns durch die Heilige Schrift gegeben ist. Der Apostel verkündigt »das Geheimnis Gottes«, weil es für den rettenden Glauben notwendig ist (1Kor 2,1). Der Glaube bezieht sich nicht auf die Glaubensbekenntnisse und Traditionen der Kirche oder auf die menschlichen Beteuerungen von Führungspersonen oder Familienmitgliedern, so gut sie auch gemeint sein mögen. Er ist nicht nur subjektives Vertrauen in unseren Herzen oder unseren persönlichen Gedanken. Wenn der Glaube nicht direkt an die Aussagen Gottes gebunden ist, basiert er auf einer anderen Grundlage. Es ist die Bibel, die uns von einem Gott berichtet, dessen Willen es ist, Menschen zu erlösen; von einem Gott, der Seinen Sohn sandte, damit Er für uns am Kreuz sterben sollte; von einem Christus, der fähig ist, »die zu erretten, die sich durch ihn Gott nahen« (Hebr 7,25). Ohne dies würde unser Glaube auf dem Treibsand menschlicher Subjektivität ruhen, gegründet auf »Gefühlen«.

Der Herr Jesus Christus als der Gegenstand des Glaubens

Es steht außer Frage, dass das Neue Testament den Herrn Jesus als den Gegenstand bzw. Inhalt des rettenden Glaubens darstellt. Er forderte Menschen auf, zu Ihm zu kommen, Ihm zu folgen, Ihm zu vertrauen und Ihm zu gehorchen. Wer »an ihn glaubt«, hat ewiges Leben (Joh 3,16). Jesus sagte: »Ich bin der Weg und die Wahrheit und das Leben. Niemand kommt zum Vater als nur durch mich« (Joh 14,7). Einige mögen diese Vorstellung als engstirnig, verbohrt oder extrem bezeichnen, aber Jesus selbst ist die Autorität für diesen Ausschließlichkeits-Anspruch, der alle anderen religiösen Wege zu Gott ablehnt. Er sagte: »Ich bin die Tür; wenn jemand durch mich hineingeht, so wird er errettet werden« (Joh 10,9). Denen, die Ihn fragten, was sie tun müssten, um Gott zu gefallen, erwiderte Er: »Dies ist das Werk Gottes, dass ihr an den glaubt, den er gesandt hat« (Joh 6,29). Glauben ist keine religiöse gute Tat, durch die man die Errettung verdient. Glaube ist eine Reaktion auf den Befehl Gottes. Gott gebietet »jetzt den Menschen, dass sie alle überall Buße tun sollen« (Apg 17,30). Das Johannes-Evangelium erklärt, dass es geschrieben wurde, »damit ihr glaubt, dass Jesus der Christus ist, der Sohn Gottes, und damit ihr durch den Glauben Leben habt in seinem Namen« (Joh 20,31).

Um errettet zu werden, können wir über den Herrn Jesus nicht glauben, was immer uns gefällt. Wir dürfen uns keinen subjektiven Jesus aufgrund unserer eigenen Wünsche schaffen und auf diesen vertrauen. Wir sind an das Zeugnis Gottes über Ihn gebunden. Es ist wichtig zu fragen: »Wer ist Jesus?« Es reicht nicht aus zu sagen, dass Er ein großartiger Mensch war, ein Prophet oder gar der edelste Mensch der Weltgeschichte.

Das Johannes-Evangelium beginnt mit der Feststellung, dass Jesus das Wort Gottes ist und seit Ewigkeit existiert. »Im *Anfang* war das Wort« und das Wort war Gott. Das Wort »Anfang« bedeutet nicht etwa einen Zeitpunkt, an dem Er zu existieren begann. Er existiert von jeher. Als Gott, der Sohn, ist Er einerseits unterschieden von Gott, dem Vater, und wird trotzdem häufig mit Gott gleichgesetzt. Jesus ist Gott, der Sohn – und nicht Gott, der Vater. Als solcher wirkt Er zusammen mit dem Vater innerhalb der bemerkenswerten Einheit des einen und doch dreifältigen Gottes. Als der Sohn Gottes wurde Er Fleisch und wohnte unter uns (Joh 1,14). Er kam in eine Welt, die Er geschaffen hatte, die Ihn aber nicht kannte (Joh 1,10). Der überwiegende Teil Seines eigenen Volkes (der Juden) nahm Ihn nicht als ihren Schöpfer, Gott und Erlöser an. Wir können Kinder Gottes werden, wenn wir Ihn persönlich als unseren göttlichen Herrn annehmen (Joh 1,12). Dann gehören wir zu denen, die »an seinen Namen glauben«, was bedeutet, an alles zu glauben, was Er ist.

Wenn Sie nicht glauben, dass Er der ICH BIN ist (hebräisch

»jahwe«, der Name Gottes aus 2Mose 3,14), dann sagt Jesus, dass Sie in ihren Sünden sterben werden (Joh 8,24). Jesus sagte den Menschen einmal: »Ich und der Vater sind eins«, wobei das letzte Wort ein Ausdruck von wesenhafter Einheit ist (Joh 10,30). Das veranlasste Seine Zuhörer, Ihn steinigen zu wollen. Als Er sie fragte, warum sie Ihn steinigen wollten, antworteten sie: »Wegen eines guten Werkes steinigen wir dich nicht, sondern wegen Lästerung, und weil du, der du ein Mensch bist, dich selbst zu Gott machst« (Joh 10,33). Sie verstanden deutlich, wer Er zu sein beanspruchte.

Es ist notwendig, zu verstehen, dass das persönliche Annehmen Jesu Christi nicht in einem mechanischen oder rituell gesprochenen Gebet besteht (wie man häufig meint), sondern vielmehr eine Frage des Glaubens an das ist, was Er ist: Unser Schöpfer und unser Herr. Thomas erkannte das, als er sagte: »Mein Herr und mein Gott« (Joh 20,28). Beide Gedanken (Herr und Gott) sind in Römer 10,9 enthalten: »Wenn du mit deinem Mund Jesus als Herrn bekennen und in deinem Herzen glauben wirst, dass Gott ihn aus den Toten auferweckt hat, wirst du errettet werden«. In seiner ersten Predigt verkündigt Petrus Jesus öffentlich als Herrn und Christus, den im Alten Testament verheißenen Erlöser (Apg 2,36).

Die apostolische Verkündigung des Christus betont Seine Auferstehung aus den Toten und Seinen damit verbundenen Sieg über Sünde und Tod (Apg 2,31-32). Es war der auferstandene Herr Jesus, zu dem Männer und Frauen gerufen wurden, um errettet zu werden. Er sagte: »Kommt her zu mir« (Mt 11,28). Die Errettung liegt in einer Person.

Die persönliche Beziehung zu Christus durch den Glauben

»Wer den Sohn hat, hat das Leben; wer den Sohn Gottes nicht hat, hat das Leben nicht« (1Jo 5,12). Die Errettung beinhaltet eine persönliche Beziehung mit Christus. Dem neutestamentlichen Wort ›Glauben‹ folgen oftmals andere Begriffe, die zusätzliches Licht darauf werfen. Für gewöhnlich ist bei einer solchen Aussage Jesus der Inhalt des Glaubens (Joh 3,16; Apg 20,21). Dies bedeutet buchstäblich »glauben an«. »Es bezeichnet einen Glauben, der sozusagen einen Menschen von sich selber löst und ihn in Christus versetzt«, schreibt Leon Morris in seinem Bibellexikon. Es bedeutet nicht rein intellektuellen Glauben, sondern – wie R.E. Nixon in einer Enzyklopädie zur Bibel vermerkt – auch eine moralische Übergabe an die Person Christi. Diese »Glaubensverbindung«, wie sie genannt wurde, ist die Basis für den Vergleich mit der ehelichen Verbindung zwischen zwei Menschen (Römer 7,3-4). Dort in Römer 7 wird herausgestellt, dass Gläubige durch eine dauerhafte Verbindung »eines anderen« geworden sind, womit Christus gemeint ist (vgl. Röm 6,5). »Zu Christus kommen« bedeutet nicht, dass man zu Ihm geht und Ihm bloß die Hände schüttelt. Es ist eine Lebensübergabe an Ihn – samt Leib und Seele.

Der rettende Inhalt des Glaubens

Angesichts der zentralen Position des Herrn als Gegenstand des Glaubens ist es irreführend, wenn wir Ihn von irgendeinem Aspekt Seines Werkes unserer Erlösung trennen. Ein Vers wie in Apostelgeschichte 16,31 ist keine vollständige Darstellung der Botschaft der Errettung, sondern nur ein einzelner Satz im biblischen Bericht. Die Botschaft, deren zentrale Persönlichkeit Jesus ist, heißt »das Evangelium« oder »die gute Botschaft«. Das Evangelium, an das die Korinther glaubten, beinhaltete den Tod, die Grablegung und die Auferstehung Christi (1Kor 15,1-4). Der Herr gab Seinen Jüngern den Auftrag, das Evangelium der ganzen Schöpfung zu predigen (Mk 16,15). Die Reihenfolge der Errettung bei den Ephesern bestand darin, dass sie als erstes das Wort der Wahrheit hörten, das Evangelium, dann dem Evangelium glaubten und schließlich mit dem Heiligen Geist versiegelt wurden (Eph 1,13). Das Evangelium wurde zuerst denen verkündigt, die daraufhin glaubten (1Thes 2,9; Apg 15,7). »Gottes Kraft« liegt in der guten Botschaft, die zur Errettung der aufnahmebereiten Seele führt (Röm 1,16). Wer immer diesen grundlegenden Inhalt verändert oder versucht, den Erfordernissen des Glaubens religiöse Werke oder Rituale hinzuzufügen, steht unter einem göttlichen Fluch (Gal 1,6-9). Wie bereits erwähnt, finden wir in der Bibel kurze Bemerkungen zu Grundbegriffen des Evangeliums, die aber keine vollständige Darstellung sind. Manchmal geschah das durch den einfachen Aufruf an die Menschen, an Jesus zu glauben. In Römer 3,25 wird Sein Blut bzw. Opfertod betont. Das Kreuz, an dem Er starb, findet in 1. Korinther 1,18 seine besondere Hervorhebung. Die Auferstehung wird in Römer 10,9; Apostelgeschichte 17,3.18.31-32 und an vielen anderen Stellen herausgestellt. Kein einziger Aspekt sollte ausschließlich betont werden, so als würde man andere Grundbegriffe leugnen oder auslassen.

Diese vollmächtige Botschaft konzentriert sich auf das lebendige Wort Gottes und führt zur Wiedergeburt (1Petr 1,23). Deshalb waren die Apostel bemüht, Christi Evangelium an allen Orten vollständig zu verkündigen (Röm 15,19-20) und die wunderbare Saat auszustreuen (Mt 13,3-8). Paulus sagte: »Denn wehe mir, wenn ich das Evangelium nicht verkündigte« (1Kor 9,16).

Anhand dieser Beschreibung des Wesentlichen sehen wir, dass die Kenntnis vom Evangelium für die Errettung notwendig ist. Die Verkündigung bringt die Erkenntnis der Wahrheit (1Tim 2,4), die zur Errettung führt (Lk 1,77). Das Evangelium muss gepredigt (Röm 10,14) oder durch Bücher und Schriften verbreitet werden. Es verlangt die Aussendung von Missionaren und Evangelisten. Alle Menschen müssen von der Gegenwart des lebendigen Herrn Jesus und Seinem stellvertretenden Tod hören (1Petr 3,18), mit dem Er den Lohn für unsere Sünden bezahlte (Röm

6,23). Jeder Hörer muss verstehen, wie Gott aufgrund des Glaubens denjenigen rechtfertigen wird, der an den Herrn Jesus glaubt (Röm 5,1). Eine derartige Evangelisation wird die Hoffnung des Menschen auf den Himmel nicht von früheren Gebeten, »Lebensübergaben« und kirchlichen Ritualen abhängig machen.

Die Notwendigkeit des Glaubensgehorsams gegenüber Christus

Am rettenden Glauben sind sowohl der Wille als auch der Verstand beteiligt. Der Herr Jesus sagte: »Wenn jemand seinen Willen tun will, so wird er von der Lehre wissen, ob sie aus Gott ist« (Joh 7,17). Wenn wir bereit sind, den Willen Gottes zu tun, sind wir auch bereit, unseren eigenen Willen Gott unterzuordnen, d.h. Ihm zu gehorchen. Weder das Wollen noch die Bereitschaft bringen eine Notwendigkeit mit sich, gute Taten zu vollbringen oder von schlechten abzusehen, bevor man sich Christus unterwirft. Gottes Aufruf aus alttestamentlichen Zeiten an uns war oftmals: »Hört auf meine Stimme«. Dieser Aufruf war zuerst an rebellische, sündige Menschen gerichtet (5Mo 8,20; Jer 7,23-28). Gott ruft uns auf, zwischen Leben und Tod zu wählen. Er bietet Segen oder Fluch entsprechend unserer Entscheidung an (5Mo 30,19).

Ungehorsam wird als Unglauben angesehen (Hebr 3,18-19). Menschen, die im Sinne von gewohnheitsmäßigem Verhalten ungehorsam sind, sind nicht errettet (1Petr 2,7-8; Röm 10,21). Folglich werden sie »Söhne des Ungehorsams« genannt (Eph 2,2; 5,6). Das Gleichnis in Lukas 19,14 beschreibt die Reaktion solcher Menschen gegenüber dem Herrn folgendermaßen: »Wir wollen nicht, dass dieser über uns König sei!« Jesus weinte, als Er von den Menschen Jerusalems abgelehnt wurde und sagte, dass Er sie erretten wollte, doch sie wollten nicht (Mt 23,37; Lk 19,41-42). Deshalb ist der rettende Glaube ein Akt des menschlichen Willens, sich dem lebenden Herrn zu ergeben. Diese Handlung führt zu einer inneren Bereitschaft, Ihm zu gehorchen: »… aber von Herzen gehorsam geworden seid dem Bild der Lehre, dem ihr übergeben worden seid! Frei gemacht aber von der Sünde, seid ihr Sklaven der Gerechtigkeit geworden« (Röm 6,17-18).

»Christus (bzw. dem Evangelium) gehorchen« ist ein gleichbedeutender Ausdruck zu »an Christus (bzw. dem Evangelium) glauben«. Das kommende Gericht Gottes wird über die verhängt, »die dem Evangelium Gottes *nicht gehorchen*« (2Thes 1,8; 1Petr 4,17). Die Errettung ist der »*Glaubensgehorsam*« (Röm 1,5; 16,26). Das bedeutet mehr, als nur den Tatsachen zu glauben. Bei der Errettung wird der Geist Gottes denen gegeben, *die Ihm gehorchen* (Apg 5,32). Die goldene Kette der Erlösung wird in 1. Petrus 1,2 angegeben: Wir, »die auserwählt sind nach Vorkenntnis Gottes, des Vaters, in der Heiligung des Geistes zum Gehorsam und zur Besprengung mit dem Blut Jesu Christi«. Im Glauben an die Verkündigung des Evangeliums und dem Ruf Gottes ist ein Akt des Gehorsams inbegriffen. Gläubige werden als »Kinder des Gehorsams« gesehen (1Petr 1,14). Es wird oft gesagt, dass es im Reich Gottes keine Rebellen gibt. Wer die Autorität Jesu zurückweist, ist Sein Feind und deshalb verloren (Lk 19,27). Solche Menschen werden schließlich eines Tages dazu gezwungen, zur Ehre Gottes ihre Knie vor Ihm zu beugen, doch dann wird es für ihre Errettung zu spät sein. Dann wird »im Namen Jesu jedes Knie sich beugen« (Phil 2,10).

Was könnte Millionen und Abermillionen von Gottes Geschöpfen, die in Seinem Bilde gemacht wurden, daran hindern, die Segnungen des Evangeliums in Anspruch zu nehmen? Das nächste Kapitel wird mehrere mögliche Faktoren untersuchen.

Fragen zum Selbststudium

Wie würden Sie wahren rettenden Glauben beschreiben? Drücken Sie sich kurz aus, aber eindeutig und verständlich.

Welcher der Verse legt am deutlichsten dar, wie man Ihrer Meinung nach errettet wird? Warum würden Sie gerade diesen als den deutlichsten bezeichnen?

Was müssen Sie über Jesus glauben, um errettet zu werden?

Was bedeutet, Christus zu gehorchen bzw. »dem Evangelium zu gehorchen«, um errettet zu werden?

Kapitel 5

Welche Hindernisse gibt es für den rettenden Glauben?

Der Herr fragte: »Wenn ich die Wahrheit sage, warum glaubt ihr mir nicht?« (Joh 8,45). Das ist eine Frage, die es wert ist, dass man über sie nachdenkt. Warum glauben die Leute nicht dem einzig wirklich ehrlichen Menschen, der jemals gelebt hat? Warum können sie den Worten nicht glauben, die ihnen von einem Gott gesagt wurden, der nicht lügen kann (Hebr 6,18)? Bedenken Sie diesen Vers: »Wer an den Sohn Gottes glaubt, hat das Zeugnis in sich; wer Gott nicht glaubt, hat ihn zum Lügner gemacht, weil er nicht an das Zeugnis geglaubt hat, das Gott über seinen Sohn bezeugt hat« (1Jo 5,10). Dennoch nennen viele Menschen aufgrund ihres Unglaubens Gott in Wirklichkeit einen Lügner. Es wurde von dem Herrn Jesus gesagt: »Und er wunderte sich über ihren Unglauben« (Mk 6,6).

Das zugrunde liegende Problem dieses Unglaubens ist scheinbar im Willen zu finden. Da Gott »will, dass alle Menschen errettet werden und zur Erkenntnis der Wahrheit kommen« (1Tim 2,4), stellt man sich die Frage, warum dies nicht entsprechend Seines Willens geschieht? Er hat in Seiner Souveränität die Wahl getroffen, den Menschen zu gewähren, sich ihrerseits zu entscheiden, wem sie dienen wollen (Jos 24,15). Sie können wählen zwischen dem Guten und dem Bösen, dem Gehorsam und der Rebellion, dem einzig wahren Gott und falschen Göttern, den Wegen Gottes und ihren eigenen Wegen.

Einige Theologen glauben an das, was man »die Fesseln des Willens« nennt. Sie bestreiten, dass die Menschen die Fähigkeit besitzen, ihren eigenen Lebensweg frei zu wählen. Diese Lehrmeinung wird jedoch von jedem Vers der Bibel widerlegt, der sich mit der Wahlfreiheit des Menschen bezüglich des Willens Gottes auseinandersetzt. Beachten Sie die folgenden Worte des Herrn Jesus, die er zu den Volksmengen in Jerusalem sprach: »Wie oft habe ich deine Kinder versammeln wollen wie eine Henne ihre Brut unter die Flügel, und ihr habt nicht gewollt!« (Lk 13,34). In diesen Worten können wir des Menschen willentliche und sündige Ablehnung gegenüber Gott erkennen. Der Herr Jesus sagte in Johannes 5,40: »Ihr wollt nicht zu mir kommen, damit ihr Leben habt.« Hier wird eindeutig behauptet, dass Unwille der Grund ist, nicht zu Christus zu kommen – nicht Unfähigkeit. Er möchte jeden erretten, der willig ist, doch die Mehrheit will nicht zu Ihm kommen. Die Bereitschaft ist der Schlüssel dazu. »Wenn jemand *seinen Willen tun will*, so wird er von der Lehre wissen« (Joh 7,17).

Widerspenstigkeit und Stolz sind an den Willen gebunden. Das Urteil des Herrn über das Volk Israel konfrontiert die Menschen deutlich mit ihrer Sünde. »Weil ich wusste, dass du hart bist und dass dein Nacken eine eiserne Sehne und deine Stirn aus Erz ist« (Jes 48,4). »Ich habe den ganzen Tag meine Hände ausgebreitet zu einem widerspenstigen Volk« (Jes 65,2). Gott streckte sich nach ihnen aus, doch das Volk Israel wies Seine Warnungen hartnäckig zurück, die Er durch die Propheten verkünden ließ. Das hauptsächliche Resultat eines widerspenstigen Willens besteht in der Zurückweisung, unser Leben durch den Herrn kontrollieren zu lassen. Wenn Sie ein Nachfolger des Herrn Jesus sein möchten, müssen Sie verstehen, dass das von Gott nicht akzeptiert wird (Lk 6,46). Doch noch immer versuchen es einige Menschen und rechnen trotzdem damit, Erfolg zu haben – wie, zeigt uns der nächste Abschnitt.

Mangelnde Unterwerfung
unter den Herrn Jesus Christus

Solche Menschen, wie wir sie gerade beschrieben haben, stellen sich vor, dass sie das Empfangen des Herrn als Erlöser geschickt von der Tatsache trennen können, dass Er Herr ist. Sie vermuten »die Gabe des Heils« auf die Art und Weise empfangen zu können, wie sie ein Geschenk unter dem Weihnachtsbaum an seinem Ort akzeptieren und belassen würden. Sie meinen, die Notwendigkeit, Ihn als Herrn ihres Lebens zu haben, auf einen späteren Zeitpunkt verschieben zu können. Juan Carlos Ortiz hat dies mit einer Trauung verglichen, bei der der Bräutigam zu seiner Braut sagen würde: »Ich nehme dich als meine persönliche Köchin an.« Hierbei wird ein Aspekt der Beziehung von der Verantwortung der vollständigen Verpflichtungen einer Ehe getrennt. Der Gegenstand der Errettung ist der Herr Jesus Christus. Wir besitzen nicht die Autorität, Seine Person zu teilen, wenn wir zu Ihm kommen. Im Neuen Testament wird Er über 500-mal als Herr bezeichnet. Es war die reguläre Form, die die Jünger verwendeten, wenn sie Ihn ansprachen. Es ist der Titel, mit dem Er in der Apostelgeschichte (Apg 2,36; 10,36; 16,31; 20,21) und ebenso in den Briefen (Kol 2,6; 2Kor 4,5; Röm 10,9) verkündigt wurde. Nur ungefähr ein Dutzend Mal wird Er ausschließlich als Erretter erwähnt.

Jene, die die Idee unterstützen, das Herrsein Christi von Seiner Funktion als Erlöser zu trennen, stellen den Standpunkt ihrer Gegner häufig falsch dar, indem sie evangelikale Vorurteile anführen. Sie sagen, dass wir allein durch Glauben gerettet sind und nicht zusätzlich dadurch, dass wir Jesus auch Herr in unserem Leben sein lassen. Sicherlich; aber mit dem rettenden Glauben ist ein Glauben gemeint, der die ganze Person des Herrn Jesus Christus beinhaltet. Wir haben kein Recht, den Umfang des Glaubens zu verengen, indem wir die Identität der Person begrenzen, die den Gegenstand des rettenden Glaubens darstellt. Weiterhin wird manchmal gesagt, dass wir Menschen zur Hingabe an Sein Herrsein aufrufen. Jedoch rufen wir Menschen nicht zur Hingabe an eine Lehrmeinung auf, sondern wir rufen sie auf, zu Ihm zu kommen.

Zudem sagen Gegner, dass es keine Möglichkeit der Definition von »wie viel Herrsein« gibt; dabei vergisst man aber, dass man gut und gerne sagen könnte, dass es um die Frage: »Wie viel Glauben?« geht. Natürlich ist »wie viel« das falsche Fragewort, stattdessen sollten wir fragen, in »wen« wir unser Vertrauen setzen. Die Kritiker behaupten, dass wir »dem Glauben auf raffinierte Weise Werke hinzufügen«, doch es beinhaltet kein lobenswertes Werk, sich der Autorität des Herrn Jesus Christus zu beugen. Sie sagen, dass niemand den vollen Umfang des Herrseins Christi nach seiner Errettung kennen kann oder im Voraus einzuschätzen vermag, was dies bedeutet. Das ist wahr und der nicht errettete Mensch sollte es auch nicht erwarten. Aber man sollte offen und Ihm ergeben sein, was immer Er auch befehlen mag. Einige lehren, dass *Herr* in Römer 10,9 nur bedeutet, dass wir glauben, dass der Herr Jesus Gott ist, aber nicht den Gedanken einbezieht, dass Er auch unser Meister ist. Wie könnte jemand den Herrn Jesus als Gott in seinem Leben aufnehmen und gleichzeitig den Gedanken zurückweisen, dass Er ebenso unser Meister ist? Jeder, der wirklich glaubt, dass Er Gott ist, wird mit Sicherheit Seine Autorität als Herr anerkennen. Wir werden durch »die Buße zu Gott und den Glauben an unseren Herrn Jesus Christus« errettet (Apg 20,21).

Gottes Gnade und das Werk des Heiligen Geistes sind erforderlich

Denken wir, dass Menschen durch ihre eigenen Anstrengungen errettet werden können? Nein. Gottes Initiative ist für jeden Menschen notwendig, um errettet zu werden. Niemand von uns könnte errettet werden, wenn uns Gott uns selbst überlassen würde. Gott wird in der Schrift als der »große Sucher« Seiner gefallenen Geschöpfe vorgestellt (1Mo 3,8-9). »Denn der Sohn des Menschen ist gekommen, zu suchen und zu erretten, was verloren ist« (Lk 19,10). Wenn Gott nicht Seinen Sohn auf die Erde gesandt hätte, könnten wir nicht errettet werden. Wenn Er nicht Seinen Geist gegeben hätte, um uns von unseren Sünden und unserer Not zu überführen, könnten wir nicht errettet werden. Wenn uns Sein Geist nicht zu einem neuen Leben erneuern würde, könnten wir nicht errettet werden (Joh 3,5). Wenn Gott uns nicht zu Seinem Sohn gezogen hätte, könnten wir nicht errettet werden (Joh 6,44), womit der Vers aber nicht ausdrückt, dass nur wenige Auserwählte gezogen werden, wie einige daraus schließen. Jesus sagte: »Und ich, wenn ich von der Erde erhöht bin, werde alle zu mir ziehen« (Joh 12,32). Ohne die unverdiente Gunst Gottes (Gnade) hätten wir nicht die Möglichkeit, das Geschenk der Erlösung zu erhalten, welches nicht in Werken besteht (Eph 2,8-9). Die Errettung ist in der Hinsicht ein Geschenk, dass sie nicht gekauft oder durch menschliche Anstrengungen verdient werden kann; jedoch ist sie kein Geschenk, mit dem wir machen können, was wir wollen. Die Erlösung kommt bezüglich der Initiative, der Bereitstellung, des Verdienstes und der Aufrechterhaltung vom Herrn. Keine dieser Wahrheiten sollte dazu benutzt werden, um die Notwendigkeit der menschlichen Verantwortung zur Aufnahme der göttlichen Botschaft zu verleugnen.

In welcher Beziehung stehen Gottes souveräner Wille und unsere menschliche Verantwortung, eine entsprechende Antwort zu geben? Die Allwissenheit Gottes sieht alles voraus, was in der Zukunft passieren wird. Sie zieht in Betracht, wie die Menschen sich entscheiden. In diesem Sinne ist es zu verstehen, dass jene auserwählt und vorherbestimmt sind und zum ewigen Leben glauben werden (Apg 13,48). Zur gleichen Zeit ist der Herr Jesus jedoch über diejenigen bekümmert, die nicht bereit waren zu glauben (Mt 23,37). Gott stellt allen Menschen den rettenden Glauben bereit (1Jo 2,2). Die Schrift lässt an keiner Stelle erkennen, dass es irgendeinen Menschen gibt, der nicht glauben kann, weil Gott ihm die notwendige Voraussetzung versagt hätte. Gott appelliert an alle Menschen, auf Ihn zu hören, damit sie leben mögen (Jes 55,1-3). Hierzu sind sie zwar fähig, doch müssen sie auch dazu bereit sein.

Im Glauben fortsetzen und ausharren

Wahrhaft rettender Glaube wird mit der Hilfe Gottes das ganze Leben hindurch fortbestehen. In Philipper 1,6 finden wir eine große Ermutigung: »Ich bin ebenso in guter Zuversicht, dass der, der ein gutes Werk in euch angefangen hat, es vollenden wird bis auf den Tag Christi Jesu.« Der rettende Glaube ist nicht auf den Zeitpunkt begrenzt, an dem ein Mensch sein Leben Christus zur Errettung übergibt. Glauben ist keine vorübergehende Phase oder eine flüchtige Entscheidung, sondern der Anfang einer permanenten Beziehung. An vier Stellen sagt die Schrift: »Der Gerechte wird aus Glauben leben.« Die Zuversicht der Errettung hängt vom Bleiben in der Hoffnung ab, die wir im Herrn Jesus Christus haben (Kol 1,23; Hebr 3,6.12.14; 1Kor 15,1-2). Das bedeutet aber nicht, dass die Errettung von unserem Verhalten abhängt. Die zitierten Verse zeigen, dass der Abfall vom Glauben darauf schließen lässt, dass er niemals echt war (1Jo 2,19; 2Jo 9; 2Petr 2,20-22). Das Ausharren im Glauben beweist die Echtheit des Glaubens (1Jo 2,24). Judas Iskariot ist ein Beispiel für den Abfall vom Glauben. Der Judasbrief fügt eine umfangreiche Beschreibung von Abgefallenen hinzu (Jud 11-16). Das Durchhalten des echten Glaubens wird durch Gottes Bereitstellung des neuen Lebens in Christus und durch die innewohnende Kraft Seines Heiligen Geistes unterstützt. Ebenso wird der Glaube von dem Gebet der Fürsprache unseres Herrn Jesus aufrechterhalten (Hebr 7,25). Der rettende Glaube ist eindeutig kein »zeitbedingter Glaube« – denn ein derartiger Glaube ist nicht echt (Lk 8,13) – sondern ein Glaube, der durchhält.

Moralische und lebensverändernde Konsequenzen des Glaubens

Einige Menschen denken, dass sie Christen werden können ohne eine wesentliche Veränderung ihres Lebens. Die Schrift lehrt etwas anderes. Eine Lebensveränderung sollte von denen erwartet werden, die wirklich vom Tod zum Leben übergegangen sind, von der Finsternis zum Licht. »Daher, wenn jemand in Christus ist, so ist er eine neue Schöpfung; das Alte ist vergangen, siehe, Neues ist geworden« (2Kor 5,17). Das ist eine sehr deutliche Aussage über die lebensverändernden Auswirkungen, die auftreten, wenn ein Mensch vom Heiligen Geist wiedergeboren wurde. Wie könnten Menschen keinen Unterschied zu ihrem alten Leben aufweisen, wenn doch das neue Leben aus Gott in ihnen wirkt und sie den Heiligen Geist besitzen? Die Veränderungen mögen am Anfang entweder subtil oder drastisch sein, was von dem Leben abhängt, welches sie vorher gelebt haben. Selbst ein Mensch, der kein unmoralisches Leben geführt hat, sollte sich des Egoismusses in seinen Beziehungen und seiner bisherigen Ablehnung einer Beziehung zu Gott bewusst sein.

Der Glaube ist mehr als eine verstandesmäßige Zustimmung. Echter Glaube verändert Menschen innerlich und äußerlich. Es wurde die Frage gestellt: »Wenn Sie nicht von der Ausübung Ihrer Sünden in diesem Leben gerettet wurden, wovon wurden Sie dann gerettet?« Sicherlich dramatisch war die Veränderung bei den Thessalonichern (1Thes 1,9), bei den frühen Bekehrten aus dem Judentum (Apg 2,40-47) und den Jüngern, die alles verließen, um dem Herrn Jesus nachzufolgen. Der Glaube, der keine Lebensveränderungen nach sich zieht, welche durch gute Taten gekennzeichnet sind, ist tot (Jak 2,14-16). Jakobus fragt, ob ein solcher Glaube einen Menschen retten kann. Die Antwort ist »Nein«. G.W. Bromiley (*New International Standard Bible Encyclopedia*) liefert unter dem Stichwort »Bloßer Glaube« einen Kommentar zu diesem Thema: »Jakobus warnt vor der Schlussfolgerung, dass der rechtfertigende Glaube Abrahams und derjenigen, die nach ihm glaubten, in bloßer Zustimmung bestand. Hierin sind sich Jakobus und Paulus gänzlich einig. Vergleiche auch Hebräer 11. Unterdessen rechtfertigt der Glaube an Christus einen Menschen und zeigt sich notwendigerweise in Taten und im gehorsamen Handeln, was durch die Liebe bewirkt wurde (Gal 5,6).«

Das Ausüben von Gerechtigkeit ist ein Kennzeichen einer erretteten Person (1Jo 3,7). Das Ausüben der Sünde trotz besseren Wissens – gemeint ist hier gewohnheitsmäßiges Sündigen – ist das Kennzeichen eines Menschen, der das Reich Gottes nicht erben wird (1Jo 3,4-10; 1Kor 6,9-10; Eph 5,5-6; Gal 5,19-21). Menschen werden gewarnt, denen Gehör zu schenken, die sie in dieser Angelegenheit täuschen wollen, indem sie darauf bestehen, dass ein sündiger Lebensstil kein Beweis für eine nicht vorhandene Errettung ist. Von denjenigen, die »vorgeben, Gott zu kennen, ihn aber in den Werken verleugnen«, wird gesagt, dass sie abscheulich sind (Tit 1,16).

In dem Bemühen, das Thema einer gerechten Lebensführung (Heiligung) von der Sicherheit der Errettung zu trennen, weisen einige Lehrer darauf hin, dass Rechtfertigung und Heiligung zwei vollkommen verschiedene Dinge sind – das ist sicherlich richtig. Die Rechtfertigung ist eine Tat Gottes, bei der ein heiliger Gott den Sünder, der an Christus glaubt, für gerecht erklärt und von jeglicher Anklage freispricht (Röm 3,24; 4,4-5). Heiligung, welche von dem Wort »unterscheiden« herrührt, bedeutet zum einen die Trennung des Sünders von der Verunreinigung durch die Sünde und zum anderen die Hingabe an die Absichten Gottes. Da sich die Ausdrücke in ihrer Definition unterscheiden, behaupten solche Lehrer, dass es nötig ist, den Prozess der Heiligung von der Erlösung zu trennen, welche sie nur auf den Inhalt der Rechtfertigung begrenzen. Das deutet an, dass Heiligkeit oder Heiligung nichts mit Erlösung zu tun haben. Man kann dem Argument entgegnen, dass, obwohl *Rechtfertigung* und Heiligung zwei verschiedene Ausdrücke darstellen, beide ein Teil dessen sind, zu Christus zu kommen und Ihm anschließend nachzufolgen. Es ist wahr, dass ohne Heiligung oder Heiligkeit »niemand den Herrn schauen wird« (Hebr 12,14).

Heiligung ist ein wesentlicher Teil der Erlösung (Apg

26,18). Wir sind errettet und durch einen »heiligen Ruf« gerufen worden (2Tim 1,9). Unsere Stellung vor Gott ist seit dem Augenblick der Errettung die von Heiligen (1Kor 1,2). Die Absicht der Erlösung beinhaltet die Heiligkeit. Da wir mit Christus gestorben und somit gerechtfertigt sind, ist es unvorstellbar, dass wir weiterhin in der Sünde leben sollten (Röm 6,2).

Die Erlösung wird im Neuen Testament in unterschiedlichen Zeitformen vorgestellt. Wir sind vor der Bestrafung der Sünde errettet worden (1Petr 3,18). Wir wurden von der Macht der Sünde errettet (Röm 6,6). Wir werden vor der Anwesenheit der Sünde errettet werden (Offb 21,4; 1Kor 5,5). Die gleichen drei Zeitformen werden im Zusammenhang mit unserer Heiligung verwendet. Es kann keine Erlösung ohne Heiligung geben. »Die aber dem Christus Jesus angehören, haben das Fleisch samt den Leidenschaften und Begierden gekreuzigt« (Gal 5,24).

Die obigen Aussagen beabsichtigen nicht die Andeutung, dass Gläubige niemals sündigen, versagen oder die Gemeinschaft mit Gott eine Zeit lang verlassen können. Trotzdem kann niemand Gesetzlosigkeit oder Rebellion gewohnheitsmäßig ausüben und gleichzeitig die biblische Hoffnung haben, ein »Kind des Lichts« zu sein (1Jo 3,9-10). Eines der größten Hilfsmittel für solch falsche Hoffnungen ist hinsichtlich sogenannter »fleischlicher Christen« seit jeher der Missbrauch von 1. Korinther 3,1-4 gewesen. Unreife und Spaltungen werden in diesem Zusammenhang erwähnt, nicht gewohnheitsmäßige Sünde (E. Reisinger, »The Carnal Christian«, Banner of Truth). Viele, die denken, dass sie »fleischliche Christen« sind, mögen wohl irregeführte Menschen sein, deren Glaubensbekenntnis falsch ist.

Die Beziehung zwischen Buße und Glauben

Der vorangegangene Abschnitt, der sich mit Lebensveränderungen befasste, sollte uns bezüglich des Gedankens aufmerksam gemacht haben, dass kein Grund besteht, sich an Christus als unseren Erlöser von der Sünde zu wenden (Mt 1,21), wenn ein Mensch keinen Wunsch nach solchen Veränderungen hat. Viele Menschen wollen von Gott aus ihren Schwierigkeiten befreit werden oder wünschen von Ihm eine Versicherungspolice für den Himmel. Aber sie haben kein wirkliches Verlangen, ihren Lebensstil zu ändern. Der Wegbereiter Jesu war Johannes der Täufer, der den Weg des Herrn bahnen sollte. Er predigte die Notwendigkeit »der Buße zur Vergebung der Sünden« (Mk 1,2-4). Diejenigen, die seiner Botschaft Beachtung schenkten, wurden von ihm getauft und »bekannten ihre Sünden«.

Johannes der Täufer machte den Menschen deutlich, dass Gott Veränderungen in ihrem Leben suchte und nicht leere Worte (Lk 3,8-14). Hier können wir sehen, dass die Buße in Beziehung zu einer bestimmten Haltung gegenüber unseren Sünden steht. Er bat sie nicht, tagelang zu weinen, zuerst mit dem Sündigen aufzuhören, ihr Leben zu reformieren oder irgendeine Form von Sühne oder Bußübung für ihr falsches Verhalten auszuführen. Er suchte in ihren Herzen nach dem Verlangen, ihre Lebensweise ändern zu wollen. Das stimmt mit der alttestamentlichen Botschaft Gottes für sündige Menschen überein. »Der Gottlose verlasse seinen Weg und der Mann der Bosheit seine Gedanken! Und er kehre um zu dem HERRN, so wird er sich über ihn erbarmen« (Jes 55,7).

Im Neuen Testament sagte Jesus: »Wenn ihr nicht Buße tut, werdet ihr alle ebenso umkommen« (Lk 13,3.5). Seine Jünger zogen aus und predigten, dass alle Menschen Buße tun sollen (Mk 6,12). Petrus' erste Predigt nach der Auferstehung Christi drang ihnen zu Pfingsten mit voller Überzeugung ins Herz. Als sie fragten, was nötig sei, um mit Gott ins Reine zu kommen, antwortete Petrus: »Tut Buße« (Apg 2,38). Diese Aufforderung wurde viele Male wiederholt (Apg 3,19; 11,18; 17,30; 26,20). Es wurde von einigen

Lehrern gesagt, dass Buße tun das Gleiche ist, wie Glauben zu haben. Doch diese beiden Dinge werden in Apostelgeschichte 20,21 sorgfältig unterschieden. Die Worte haben nicht im geringsten die gleiche Bedeutung. Die Buße führt zum Glauben an Christus. Deshalb wurde Johannes der Täufer gesandt, um den Weg des Herrn vorzubereiten.

Buße bedeutet eine »Veränderung des Denkens«, aber wir können nicht wissen, inwiefern sich das Denken geändert hat, bis wir sehen, was es bewirkt. Es gibt andere Gebrauchsformen des Wortes, bei denen sich die Bedeutung unterscheidet, zum Beispiel, wenn von der Reue Gottes die Rede ist. *Unger's Bible Dictionary* definiert die Buße zur Errettung als »eine grundlegende und umfassende Veränderung des menschlichen Herzens, die sich darin bemerkbar macht, dass sich der Mensch weg von der Sünde und hin zu Gott wendet«. H.A. Ironside schreibt in »Except Ye Repent« über die Bedeutung von Buße: »Es ist die Veränderung der Einstellung eines Menschen gegenüber seiner eigenen Person, der Sünde, Gott und Christus.« Die Verwendung des Wortes *Buße* beinhaltet somit auch den Gedanken der Bereitwilligkeit, sich von der Sünde abzuwenden und nicht nur an Christus zu glauben (Offb 2,5.21; 3,3.19; Apg 8,22; 3,26). Es ist nicht Glaube plus Buße, sondern ein Glaube, der die Buße miteinschließt.

Man hört gelegentlich das Argument, dass das Wort *Buße* nicht im Johannes-Evangelium und nur einmal im Römerbrief vorkommt und folglich zur Errettung nicht notwendig ist. Diese beiden Bücher sind natürlich wichtig, aber wir haben kein Recht, eine Lehre beiseite zu setzen, die in einigen Büchern nicht ausdrücklich erwähnt wird, jedoch in den Evangelien, der Apostelgeschichte, den Briefen und in der Offenbarung vorkommt. Als der Herr Jesus die samaritische Frau zum Eingeständnis ihres unmoralischen Lebens führte, suchte Er bei ihr mit Sicherheit nach der

Bestätigung ihrer Sünde (Joh 4,17-18). Als Er einen Mann mit den Worten warnte: »Sündige nicht mehr« (Joh 5,14), ließ Er die Buße nicht unbeachtet.

Eine andere Behauptung ist, dass das Wort *Buße* nur für die Juden galt. Das Neue Testament sagt aber, dass sie sowohl für die Juden als auch für die Nationen notwendig ist (Apg 11,18; 20,21). Es wird gesagt, dass Sünder, die tot in ihren Sünden sind (Eph 2,1), nicht imstande sind, Gott eine solche Erwiderung zu bringen. Ironside schreibt: »Man missversteht die Beschaffenheit des geistlichen Todes, wenn man behauptet, dass ein Sünder – gleich, ob von den Juden oder den Nationen – nicht Buße tun kann, da er in Bezug auf Gott tot ist. Es ist ein Tod aufgrund des richterlichen Urteils Gottes und keiner im eigentlichen Sinn. Der Sünder ist geistlich tot, weil er von Gott getrennt ist.«

Diejenigen, die meinen, dass Buße nicht zur Errettung notwendig ist, haben richtigerweise herausgestellt, dass das Wort keine Selbstpeinigung, keine Reformation des Lebens oder das Beenden des sündigen Verhaltens verlangt als vorherige Bedingung des rettenden Glaubens. Nur zu offensichtlich benötigen wir Seine befähigende Kraft. Dies wird durch das neue Leben und durch den innewohnenden Heiligen Geist erreicht. Solange wie wir unsere Meinung über unsere Lebensweise nicht verändert haben (Buße), können wir Christus nicht als unseren Herrn und Erlöser aufnehmen.

Zusammenfassung und abschließender Aufruf

Die umfassenden Erläuterungen in den letzten beiden Kapiteln mögen einige mit dem Gefühl zurücklassen, dass wir den »einfachen Glauben« so kompliziert gemacht haben, dass er für viele zu schwer zu verstehen ist. Nach alledem könnten Sie sagen, dass der Dieb am Kreuz ohne das Verständnis dieser Dinge zu Christus kam (Lk 23,39-43). Das ist ein berechtigter Einwand. Wir müssen uns jedoch erinnern, dass »der gute Dieb« in seiner Todesstunde von Angesicht zu Angesicht mit Christus sprach. Trotzdem zeigte er mehr Verständnis als viele von denjenigen, die heute davon reden, »Jesus anzunehmen«. Er sah in dem Herrn Jesus jemanden, der den Tod besiegen würde. Er erkannte Ihn als den König an, der selbst einen Dieb in Seinem himmlischen Reich aufnehmen könnte (Mt 27,44). Er wendete sich von der Blasphemie ab, die er zuvor mit dem anderen Dieb am Kreuz teilte, und stellte sich auf die Seite des Herrn. Er beugte sich Seiner Autorität und übergab sich zur Errettung dem Herrn Jesus. Das reichte damals wie auch heute als mindeste Grundlage aus.

Zusammenfassend können wir sagen, dass die errettende Initiative von Gott ausging, indem Er Seinen Sohn für uns sandte (Lk 19,10). Dies geschah aus reiner Gnade. Er zieht uns zu sich selbst und überzeugt den Sünder durch Seinen Geist von der Notwendigkeit der Errettung (Joh 16,8). Gott sendet Seine Botschafter aus, um die gute Nachricht zu verkünden, dass Er bereit ist, Sünder durch Seinen Sohn zu erretten. Es war Gott, der Sohn, der auf die Erde kam, als stellvertretendes Opfer am Kreuz für unsere Sünden starb und als Sieger über Sünde, Tod und Hölle aus den Toten auferstand. Wenn wir das verstehen und uns in Buße zu dem Herrn Jesus Christus wenden, dem Evangelium gehorchen und uns gänzlich auf Christus zur Errettung stützen – nicht auf eigene gute Werke -, dann erneuert uns der Heilige Geist und schenkt uns ein neues Leben. Dieses Leben wird Bestand haben und durch Lebensveränderungen gekennzeichnet sein.

Zur Erinnerung

- Die einzigen Menschen, die einen Erlöser benötigen, sind solche, die ihre eigene Sündigkeit und Hilflosigkeit bei dem Bemühen erkannt haben, sich selbst zu erretten.

- Solch eine Person muss notwendigerweise von dem abhängig sein, was Gott zur Errettung vorgesehen hat; das ist Sein Sohn, der das stellvertretende Opfer für uns brachte.

- Dieser Mensch sucht allein durch Christus eine echte Beziehung zu Gott, indem er Ihn im Glauben als Herrn und Erlöser annimmt. Das ist das Ergebnis seines Gehorsams gegenüber dem Wort Gottes.

- Es ist Gottes Absicht, das Leben von Menschen hier und heute zu verändern, uns in die Nachfolge Christi zu führen und uns in den Himmel zu nehmen.

Fragen zum Selbststudium

Was sind Ihrer Erfahrung nach die größten Probleme im Gespräch über die Notwendigkeit der Errettung? Worin liegt das begründet?

Warum können wir Jesus nicht nur bitten, unser Erlöser zu werden und eine gleichzeitige Auslieferung an Sein Herrsein hinausschieben oder unerwähnt lassen?

Ist es möglich, dass ein Mensch errettet ist, aber keine dauerhaften Lebensveränderungen sichtbar werden? Warum nicht? Nennen Sie Schriftstellen, die Ihre Antwort unterstützen!

Was ist echte Buße? Weshalb ist die Buße ein wichtiger Bestandteil, wenn man zu Christus kommt, um errettet zu werden?

Kapitel 6

Ist die Zuversicht auf den Himmel etwas Gutes oder etwas Schlechtes?

Wenn Sie die Zuversicht besitzen, in den Himmel zu kommen und diese nicht trügerisch ist, ist das mit Sicherheit gut. Es ist sogar wunderbar! Sollte Ihre Zuversicht jedoch falsch oder irregeführt sein oder auf einer falschen Grundlage beruhen, ist das ein tragisches Unglück.

Vor nicht allzu vielen Jahren meinte die überwältigende Mehrheit derer, die bekannten, an Christus zu glauben, dass die Gewissheit auf den Himmel unsere Kenntnis übersteigt. »Niemand kann das wissen«, lautete die allgemeine Antwort. Warum nicht? Man setzte voraus, dass es am Ende der Zeit ein allgemeines Gericht für alle Menschen geben würde. Dann würden die guten und die schlechten Taten auf der göttlichen Waagschale abgewogen werden. Unsere ewige Zukunft würde von dem großen Richter aufgrund unseres Verhaltens festgelegt werden – entsprechend dem Übergewicht auf der einen oder der anderen Seite der Waage. Manche Menschen »erhofften sich das Beste«; viele allerdings »befürchteten das Schlimmste«.

Keine dieser Vorstellungen ist biblisch haltbar. Es gibt kein allgemeines Gericht für alle Menschen; stattdessen wird es eine Trennung zwischen dem Gericht der Unerretteten (Offb 20,11-15) und der Beurteilung der Geretteten (1Kor 3,10-15) geben. Das erste wird auf der Grundlage der unvergebenen Sünden ausgeführt. Das zweite dient dazu, die Hingabe der Gläubigen an Christus und den Dienst für Ihn zu beurteilen. Unsere ewige Zukunft wird in diesem Leben festgelegt – nicht erst nach dem Tod. Das ewige Leben beginnt auf dieser Erde und ist von unseren hier getroffenen Entscheidungen abhängig. Man ist noch vor dem Tod entweder gerettet oder verloren.

Wenn Sie wirklich errettet sind, möchte Gott Sie das auch wissen lassen. »Dies habe ich euch geschrieben, damit ihr *wisst*, dass ihr ewiges Leben habt, die ihr an den Namen des Sohnes Gottes glaubt« (1Jo 5,13). Richten Sie Ihre Blicke auf das Wort »*wisst*«; gemeint ist ein absolutes Wissen. Das gleiche Wort wird in 1. Johannes 5,19 verwendet: »Wir wissen, dass wir aus Gott sind.« 1. Johannes 4,13 sagt: »Hieran erkennen wir, dass wir in ihm bleiben.« Diese Verse weisen deutlich darauf hin, dass es für den wahren Gläubigen Gewissheit und Zuversicht gibt. Sie sind aber nicht dazu bestimmt, die Grundlage einer falschen Sicherheit für diejenigen zu bieten, deren Bekenntnis fragwürdig ist.

Christliche Mitarbeiter können dazu beitragen, falsche Hoffnungen und deplatzierte Sicherheiten zu vermitteln. Den Predigern bei Beerdigungen wird manchmal nachgesagt, dass sie die Leute »in den Himmel gepredigt haben«. Ich erinnere mich daran, wie der Vater einer unserer jungen Männer starb; während er sich mit einigen Frauen amüsierte, wurde er durch einen Kopfschuss getötet. Zuvor hatte er seine Frau und zwei Kinder sitzen gelassen und ihnen den Unterhalt trotz gerichtlicher Anordnung verweigert. Seine letzten Worte zu ihnen waren: »Bevor ich euch auch nur einen Dollar gebe, sehen wir uns in der Hölle.« Sein Sohn und ich waren bei der Begräbniszeremonie anwesend, als der Prediger folgenden Text benutzte: »Ich habe den guten Kampf gekämpft, ich habe den Lauf vollendet, ich habe den Glauben bewahrt« (2Tim 4,7). Einige verkommene Freunde des Vaters saßen vor mir und rutschten bei dieser absurden Beschreibung auf ihren Plätzen unruhig hin und her. Seine Eltern waren davon überzeugt, dass er auf dem Weg in den Himmel war. Anscheinend glaubte das auch der Prediger, der ihn persönlich nicht kannte. Er wurde lediglich verpflichtet, die Beerdigungszeremonie abzuhalten. Das Gleiche kann auch bei Menschen vorkommen, die ein moralisch besseres Leben geführt haben als dieser Mann.

Wie können wir sichergehen, dass wir in den Himmel kommen? Gott hat uns drei Zeugnisse gegeben, die unsere Beziehung zu Ihm bestätigen.

Das Wort Gottes. Gottes Wort ist unser stärkstes Zeugnis. Die Gewissheit der Errettung basiert auf den Verheißungen Gottes (Röm 10,9; Joh 3,16.36; 5,24). Es handelt von der Tatsache des Evangeliums ebenso wie von den Verheißungen Gottes denen gegenüber, die diese Wahrheiten aufrichtig glauben. Es stützt sich nicht auf unsere subjektiven Gefühle. Die Bibel spricht an vielen Stellen vom Gerettet*sein*, nicht vom Gerettet*fühlen*.

Objektive Tests einer wirklichen Errettung. Wie können wir sicher sein, dass wir die Errettung Gottes erfahren haben, da Menschen doch täuschbar sind? Der Herr sagte: »Deshalb, an ihren Früchten werdet ihr sie erkennen« (Mt 7,20). Gute Bäume tragen gute Früchte und nicht schlechte (V. 17-18). Das sind die Früchte oder Resultate, die ein von Gott verändertes Leben hervorbringt.

- *Gehorsam gegenüber dem Worte Gottes* (1Jo 2,4-5; 5,2-3). Mit diesem Gehorsam ist Ihre grundsätzliche Lebensweise gemeint. Wir sollten jemand sein, der »Gerechtigkeit tut« (1Jo 3,7.10). Es ist damit jedoch keine sündlose Perfektion gemeint. Niemand anderes als Jesus war jemals sündlos vollkommen. Es bedeutet aber, dass Sie jede vorhandene Sünde eingestehen, bekennen und aufgeben müssen (1Jo 1,8-9). Wenn Sie sündigen, sollte Ihnen das außerordentliche Not bereiten (Ps 32,3-5). Sie sollen anderen Gutes tun (Jak 2,14-26; Eph 2,10).

- *Christus als den Herrn bekennen.* Sie müssen bekennen, dass Jesus Ihr Herrn ist (Röm 10,9). Das ist nicht nur das Gebot des Herrn, sondern Er warnt auch davor, dass Er jene verleugnet, die Ihn verleugnen

(Mt 10,32-33). Versuchen Sie nicht, ein »geheimer Jünger« zu sein. Das Bekenntnis zu Jesus als dem Herrn geht damit einher, dass man Ihn auch als den Sohn Gottes bekennt (Joh 8,24; 20,28; 2Jo 1,9).

- *Ihre Liebe wird dem Herrn gelten* (Mt 22,37-38; 1Kor 16,22) und Ihren Mitgläubigen, den Kindern Gottes (1Jo 3,14). Sie werden die Liebe zur Welt, ihren Werten und ihrem Lebensstil aufgeben, da die Welt von Satan kontrolliert wird (1Jo 2,15-17).

Das innere Zeugnis Ihres Gewissens. Da bei diesem Punkt ein gewisses Maß an Subjektivität vorhanden ist, sollte man ihn nicht von den beiden erwähnten Zeugnissen trennen, dem Wort Gottes und dem Bekenntnis zum Herrn. Ein drittes Zeugnis wird das Zeugnis des Heiligen Geistes genannt; Er gibt unserem Geist die Gewissheit, dass wir Kinder Gottes sind (Röm 8,16). Sie glauben, dass Christus für Ihre Sünden gestorben ist und die Schuld vollständig bezahlt hat (Hebr 8,12; Ps 103,12). Durch das Gebet erfahren Sie, dass Gott Sie hört und Ihnen antwortet (1Jo 5,15). Sie haben inneren Frieden (Phil 4,7; 2Kor 1,2; Joh 14,27).

Zweifelnde Christen oder unerrettete Bekenner?

Zum einen oder anderen Zeitpunkt haben viele Christen Schwierigkeiten mit Zweifeln, die bezüglich ihrer Errettung aufkommen. Für solche Menschen sind die folgenden Leitlinien zur Hilfe gedacht. Die unterschiedlichen Haltungen stellen Zweifelnde, aber Errettete und Unerrettete gegenüber:

Zweifelnde Christen	Unerrettete Bekenner
Sie nehmen ihre Beziehung zu Gott ernst und stellen Fragen.	Sie neigen dazu, sorglos und mehr als überzeugt zu sein, dass sie Christen sind.

Zweifelnde Christen

Sie zeigen oftmals eine wiederkehrende Sorge bezüglich ihrer Errettung. Charakteristisch sind häufiges Nachdenken und die Frage: »Bin ich wirklich errettet?«

Wenn sie sich mit anderen Christen identifizieren, empfinden sie oftmals ihre eigene Unwürdigkeit, zu ihnen zu gehören.

Sie stellen ihre Errettung in Zeiten von geistigen, körperlichen und geistlichen »Tiefs« und in problembeladenen Zeiten in Frage.

Unerrettete Bekenner

Trotz widersprüchlicher Beweise in ihrem Leben beteuern sie energisch die Berechtigung ihres Bekenntnisses und sind für Fragen nicht zugänglich.

Häufig kritisieren sie Gläubige oder Gemeinden und tadeln sie aufgrund von verschiedenen Vorurteilen und Fehlern.

Sie zeigen nur wenig oder gar keine Einsicht für ihre augenblickliche geistliche Not.

Wie Sie mit Zweifeln über die Echtheit Ihrer Errettung umgehen können!

Erkennen Sie die Zweifel. Vielleicht haben Sie ähnliche geistliche Sorgen gehabt wie die folgenden: »Als ich Christus in meinem Leben aufnahm, geschah nichts. Ich habe mich nicht anders gefühlt.« »Ich weiß nicht, ob ich auf die richtige Art und Weise geglaubt habe.« »Mir fehlt das Zeugnis des Heiligen Geistes.« »Ich glaube, die unvergebbare Sünde begangen zu haben.« Wenn Sie solche Befürchtungen ängstigen, dann denken Sie daran, dass die Errettung durch Glauben erfolgt und nicht aufgrund des Gefühls. Gehen Sie sicher, dass Sie verstanden haben, was die unvergebbare Sünde ist (Mk 3,22-30), bevor Sie annehmen, sie begangen zu haben. Die unvergebbare Sünde besteht darin zu sagen, dass Jesus Seine Wunder durch die Kraft Satans getan hat. Kein echter Christ würde das tun.

Überprüfen Sie sich selbst (2Kor 13,5). Wenn Ihre Lebensführung weit von Gott entfernt ist oder Sie sich von Ihm wegbewegen, wäre es gut, Ihre Beziehung zu Ihm neu zu überdenken. Die folgenden Fragen sollen helfen, Ihren wahren geistlichen Zustand herauszufinden: »Hat es in Ihrem Leben einmal einen Augenblick gegeben, in dem Sie eine echte Sündenerkenntnis hatten und sich nach Gottes Vergebung sehnten?« »Worauf stützen Sie Ihre Hoffnung auf den Himmel?« »Wann und unter welchen Umständen haben Sie Christus in Ihrem Leben aufgenommen?« Jeder wahre Gläubige wurde einmal von seiner Sündhaftigkeit und der Notwendigkeit der persönlichen Buße überführt. Er gründet jegliche Hoffnung auf Errettung einzig und allein auf Christus und Sein Werk. Im Allgemeinen wird er sich an einen Zeitpunkt erinnern können, an dem er eine bedingungslose Lebensübergabe an Jesus Christus als seinen Herrn und Erlöser vollzogen hat. Stellen Sie sich die Frage, ob Ihr Leben sich verändert hat und nach der Lebensübergabe ein Fortschreiten auf diesem Weg stattfand. Lieben Sie das Wort Gottes und lesen Sie regelmäßig und mit Eifer darin?

Bestätigen Sie es im Gebet. Ziehen Sie ein Gebet in Erwägung, in dem Sie sich Christus als Herrn und Erlöser vollkommen ausliefern, wenn es noch Zweifel an der Echtheit Ihrer Lebensübergabe an Ihn gibt. Wiederkehrende Gebete dieser Art sind allerdings kein Ersatz; Sie müssen an den Punkt gelangen, dass Sie dem Wort Gottes glauben und sich darauf stützen. Verlassen Sie sich nicht auf Ihre Gefühle.

Der Herr Jesus warnte hinsichtlich der Errettung vor Selbstbetrug. Viele Menschen werden behaupten, Ihn gekannt und Ihm vielfach gedient zu haben; trotzdem werden sie in die äußerste Finsternis hinausgestoßen, weil sie keine wahren Christen waren (Mt 7,21-23; Lk 13,23-28). Sollten Sie also irgendwelche Zweifel über die Echtheit Ihrer Bekehrung hegen, dann versuchen Sie, durch die oben erwähnten objektiven Tests Gewissheit zu erlangen. Sollten Sie weiterhin zweifeln, können Sie eine echte Lebensübergabe an Christus als Ihren Herrn und Erlöser vollziehen. Gehen Sie sicher, dass Sie in den Himmel kommen und diese Sicherheit auf einer gesunden biblischen Grundlage basiert.

Fragen zum Selbststudium

Es ist eine Hilfe für die Menschen, die »sich entscheiden, zu Jesus zu kommen«, wenn sie einen reifen Christen an ihrer Seite haben und Bibelkurse für Anfänger bearbeiten. Oftmals fängt solches Material mit der »Heilsgewissheit« an. Worin könnte ein mögliches Problem liegen, wenn man damit beginnt?

Bei nahezu jeder Beerdigung wird gesagt, dass der Verstorbene in den Himmel eingegangen ist oder sich jetzt »beim Herrn« befindet. Selbst wenn das Leben der betreffenden Person das in Frage stellt, »predigt ihn der Redner in den Himmel«. Welche bessere und dennoch taktvolle Vorgehensweise könnten Sie Beerdigungsrednern empfehlen?

Welche Anzeichen bezeugen, dass ein Mensch tatsächlich *weiß*, dass er ewiges Leben hat? Führen Sie zu jedem Punkt Kernaussagen aus der Bibel an!

Wie würden Sie mit jemandem umgehen, der anscheinend errettet ist, aber noch tiefgehende Schwierigkeiten mit der Heilsgewissheit hat?

Kapitel 7

Abtrünnige, fleischliche Christen und sündigende Heilige

Die Menschen, die mit ihrem geistlichen Leben sorglos umgehen, sagen oftmals: »Ich weiß, dass ich ein Abtrünniger bin.« Sie meinen, Christen zu sein, leben aber zugegebenermaßen nicht wie Nachfolger des Herrn. Für mich ist es schon verblüffend, wie häufig das Wort »*Abtrünnige*« von diesen Menschen benutzt wird. Ich hätte angenommen, dass einige andere christliche Lehren oder Warnungen von großer Wichtigkeit sie beschäftigen würden. *Abtrünnige* ist ein übermäßig verwendeter Ausdruck, der nur eine minimale biblische Grundlage hat. Tatsächlich wird das Wort im Neuen Testament nicht ein einziges Mal verwendet. Im Alten Testament taucht es dagegen häufiger auf, besonders im Buch Jeremia (3,6. 8. 11. 12. 14. 22; 31,22; 49,4). Der Zusammenhang weist auf einen Abfall vom Glauben hin, ein völliges Ablehnen und Abwenden von der Wahrheit.

Nur ein Überrest Israels lebte in der Treue zum Herrn wie echte Gläubige. Das Volk als Ganzes war abgefallen, entartet und stand unter dem Gericht Gottes. Als die »Frau des Herrn« war das Volk untreu und ehebrecherisch geworden, eine geistliche Hure. Gott trennte sich von ihnen (Jer 3,8; Jes 50,1). Eines der Kinder des Propheten Hosea hieß »Lo-Ammi«, was »Nicht-mein-Volk« bedeutet. Dadurch deutete Gott an, dass Er jegliche Beziehung zu ihnen vollständig aufgegeben hatte. Das Wort Abtrünnige ist kein treffender Ausdruck für jemanden, der bekennt, an Gott zu glauben, aber weit von Ihm entfernt lebt. Zweifelsohne wird es aber auch weiterhin dafür verwendet werden.

Ein ebenso verbreiteter Ausdruck, der zu häufig und ebenso falsch gebraucht wird, ist der des »fleischlichen Christen«. Damit *sind* echte Christen gemeint, wie die wesentliche Bibelstelle zu diesem Thema deutlich macht (1Kor 3,1-4). Die Nahrung der fleischlichen Christen besteht aus geistlicher »Milch«. Es sind unreife Gläubige, die nicht entsprechend gewachsen sind. In der Beschreibung von Paulus finden wir keinen Hinweis darauf, dass dieser Ausdruck auf eine Person anzuwenden ist, die in ständiger Sünde lebt oder ein Gott abweisendes Leben führt.

Sündigen Christen gelegentlich? Natürlich! (1Jo 1,10). In welcher Weise unterscheiden sich sündigende Christen von Ungläubigen? Das Leben des Christen ist von der Sünde nicht gekennzeichnet. Echte Christen praktizieren Gerechtigkeit (1Jo 3,7). Sie sündigen nicht regelmäßig, wiederholend oder aus Gewohnheit (1Jo 3,8); das trifft besonders auf absichtliches Sündigen zu (1Jo 3,4). Niemand, der aus Gott geboren ist, kann ein Leben der Gesetzlosigkeit führen, in dem bewusstes Sündigen eine gängige Praxis darstellt (1Jo 3,9). »Hieran sind offenbar die Kinder Gottes und die Kinder des Teufels: Jeder, der nicht Gerechtigkeit tut, ist nicht aus Gott« (1Jo 3,10). Echte Christen sündigen, aber sie sündigen niemals, indem sie ihre Hoffnung in das Evangelium aufgeben. Sie fallen nie vom Glauben ab. Sie leben nicht dauerhaft in gewohnheitsmäßiger und absichtlicher Sünde, ohne Buße zu tun.

Wenn wahre Gläubige sündigen, schmerzt sie das zutiefst (Ps 32,3-5). Sie bekennen und lassen ihre Sünde (Spr 28,13). Sie sehnen sich nach einer wiederhergestellten und echten Gemeinschaft mit Gott (Ps 51,1-17). Wenn sie ihre Sünde nicht selbst richten (1Kor 11,31), wird Gott sie als Seine Kinder züchtigen (Hebr 12,5-11), aber Er stößt sie nicht aus Seiner Familie. Gottes Züchtigung kann Krankheit und sogar den Tod beinhalten (1Kor 11,30); sie ist auf jeden Fall zu fürchten. Solche Christen sollten »vor Seinem Wort zittern« und Sein Missfallen fürchten. Die Menschen, die keine echten Gläubigen sind, scheinen keine Furcht davor zu haben. Sie kehren zu ihren früheren Sünden ständig zurück. Auf sie trifft das Wort aus 2. Petrus 2,22 zu: »Der Hund kehrt wieder um zu seinem eigenen Gespei und die gewaschene Sau zum Wälzen im Kot.«

Ein wahrer Christ wird als Schaf charakterisiert. Die Bibel nennt ihn an keiner Stelle einen Hund oder eine Sau. Diese Ausdrücke bezeichnen die Menschen, die ein falsches Bekenntnis abgelegt haben und zu keiner Zeit wirkliche Christen waren. Ja, auch Christen sündigen. Trotzdem sind sie nicht länger Sklaven der Sünde, wie sie es als Unerrettete waren (Röm 6,16-18). Ihr Leben ist nun dadurch geprägt, dass sie von Herzen gehorsam sind. Sie sind von der Macht der Sünde befreit (Röm 6,18). Um in Gerechtigkeit zu leben, müssen sie sich bezüglich der Sünde für tot halten und lebend für Gott in Jesus Christus (Röm 6,11). Sie müssen ihren Körper Tag für Tag Gott zur Verfügung stellen als Werkzeuge der Gerechtigkeit (Röm 6,13; 12,1-2). Sie haben den Wunsch, im vollständigen Einklang mit dem Heiligen Geist zu handeln und entsprechend Seinem Willen zu leben (Röm 8,4.11-13). Die Bibel ist den Christen zur Belehrung gegeben, damit sie nicht sündigen (1Jo 2,1). Sie müssen dafür beten, dass sie nicht in Versuchung kommen (Mk 14,38) oder sich in Situationen hineinbegeben, die eine geistliche Gefahr darstellen. Sie müssen dem Teufel und der Versuchung widerstehen (Jak 4,7). Der Herr hat ihnen zugesagt, dass Er ihnen »alles zum Leben und zur Gottseligkeit geschenkt hat« (2Petr 1,3). Es ist die Aufgabe des Christen, von allen göttlichen Vorkehrungen Gebrauch zu machen, um Sünde und Widerstand gegen Gott zu vermeiden.

Das Leben der Menschen mit einem falschen Bekenntnis weist einen deutlichen Unterschied dazu auf. Ihr geistliches Leben wird immer weniger. Ich erinnere mich daran, wie ich einer jungen Frau einmal Fragen über ihre Beziehung zum Herrn stellte. Ich habe das schon hunderte von Malen mit den unterschiedlichsten Menschen gemacht. In einem bestimmten Augenblick fragte ich sie: »Wann und wo hörten und glaubten Sie dem Evangelium? Wann nahmen Sie Christus als Herrn und Erlöser an?« Sie gab eine gewisse Zeit an, in der sie diese »geistliche Erfahrung« machte. »Änderte sich anschließend Ihr Leben?«, fragte ich. »Ja«, antwortete sie. »Wie lang währte diese Veränderung?«, fuhr ich fort. »Etwa eine Stunde«, sagte sie zu meinem Erstaunen. »Und was geschah danach?« Sie erwiderte: »Ich begann, abtrünnig zu werden.« Das muss ein Minus-Rekord für eine Lebensveränderung nach einem Bekenntnis sein. Judas Iskariot hielt drei Jahre durch und gab mehr Anzeichen geistlichen Lebens zu erkennen als einige Leute, die ich getroffen habe. Bei anderen mag diese Zeit länger oder kürzer ausfallen. Es wird jedoch ein Zeitpunkt kommen, an dem das falsche Bekenntnis zusammenbrechen und auseinander fallen wird.

An dieser Stelle möchte ich eine Warnung einfügen. Es ist für jedermann sehr fragwürdig, einem bekennenden Christen zu sagen, dass er nicht errettet ist, wenn diese Aussage auf der eigenen Meinung beruht. Es gibt Christen oder Prediger, die sich wie selbsternannte Richter verhalten. Gedankenlos bezeichnen sie jemanden aufgrund von Äußerlichkeiten als nicht-errettet und lassen das Innere bei der Beurteilung außer Acht. Sie missbilligen eine bestimmte Art der Kleidung und halten sie für unanständig; sie lehnen das Tragen von Schmuck ebenso ab wie das Rauchen. Vielleicht sind sie auch grundsätzlich gegen das Fernsehen oder gegen spezielle Sendungen. Manchmal fordern sie eine bestimmte Haarlänge sowie eine spezielle Kopfbedeckung und missbilligen jegliches Make-up bei Frauen. Viele dieser Dinge mögen zwar wenig wünschenswert sein, sollten aber nicht die Grundlage für unsere Beurteilung sein, ob ein Mensch nicht-errettet ist. So etwas sollten wir nicht leichtfertig verkündigen.

Der Herr warnte davor, andere aufgrund von äußeren Dingen zu beurteilen. 1. Samuel 16,7 drückt aus: »Denn der

Mensch sieht auf das, was vor Augen ist, aber der HERR sieht auf das Herz.« Ein Mensch mag nach außen hin gerecht erscheinen, aber innerlich ist er »voller Heuchelei« (Mt 23,28). Der Herr sagt, dass nicht das, was von außen kommt, den Menschen verunreinigt, sondern das, was aus ihm herauskommt (Mt 15,11-20). Das Problem ist das ungerechte und heuchlerische Herz, das manchmal in religiösen Menschen erkannt werden kann (Mt 23,25-28).

Vergleichen Sie entsprechende Bibelverse zu diesem Thema miteinander und bilden Sie sich Ihr eigenes Urteil. Geben Sie dem Heiligen Geist die Möglichkeit, an Ihnen zu wirken und Sie von Ihrer geistlichen Not zu überzeugen. Sie werden errettet aufgrund des *geistlichen Lebens*, das im Sohn Gottes zu finden ist, und nicht aufgrund von *geistlichem Verständnis*. Vielleicht wurde Ihnen auch nur sehr wenig über das eigentliche christliche Leben beigebracht.

Bei dem Versuch anderen zu helfen, ist es sinnvoll, wenn man *erkennt*, ob deren Glaubensbekenntnis echt ist. Dies wahrzunehmen ist nicht das Gleiche, als wenn man ein Urteil über sie fällt. Wie sonst könnte man die passende und erforderliche geistliche Hilfestellung geben? Da Christen die Mittel besitzen, jedes Hindernis in ihrem geistlichen Leben zu überwinden, sollten sie ein anderes Leben führen als die Unerretteten. Deshalb sollten Sie auch nicht die Bezeichnung »Abtrünnige« akzeptieren oder verwenden, ohne deren Bedeutung zu kennen. Es darf keine Entschuldigung für ein Leben sein, das Gott missfällt. Gehen Sie sicher, dass Sie nicht nur bekennen, zu Ihm zu gehören, damit Sie nicht eines Tages die Worte des Herrn Jesus hören müssen: »Ich habe euch niemals gekannt« (Mt 7,23).

Fragen zum Selbststudium

Erinnern Sie sich an die Personen, die Ihnen begegnet sind und den Anspruch erhoben, Abtrünnige zu sein, aber zu dieser Zeit wahrscheinlich nicht errettet waren. Wie sind Sie mit ihnen umgegangen? Oder, was hätten Sie getan, wenn Sie besser vorbereitet gewesen wären?

Wie sollte man mit einem Menschen umgehen, in dessen Leben viele Fälle von ernsthafter Sünde wie beispielsweise Unmoral vorgekommen sind und der eine der folgenden Aussagen macht: »Keiner von uns ist perfekt« oder: »Ich glaube, dass Gott mir vergeben hat, als ich Ihn darum bat«?

Worin besteht der Unterschied zwischen einem sündigenden Christen und einem Nicht-Christen, der sündigt – besonders wenn dieser bekennt, ein Christ zu sein? Lesen Sie 1. Johannes 3,4-10 und Psalm 51.

Wieso ist es nicht sehr weise, jemandem zu sagen: »Ich glaube, du bist *nicht errettet*« oder: »Ich glaube, du *bist errettet*«? Was ist die beste Vorgehensweise bei den Menschen, bei denen man sich über die Beziehung zu Christus nicht sicher ist oder sie sich selbst nicht sicher sind?

Kapitel 8

Was ist mit der Errettung von Kindern?

Der Gott, der will, dass alle Menschen errettet werden (2Petr 3,9; 1Tim 2,4), will natürlich auch, dass alle Kinder errettet werden. Der Herr Jesus sagte: »Lasst die Kinder zu mir kommen und wehrt ihnen nicht! Denn solchen gehört das Reich Gottes« (Lk 18,16). Wie und wann kommen kleine Kinder in das Reich Gottes? Diese Frage hat schon viele unterschiedliche Meinungen hervorgerufen und für eine Menge Verwirrung gesorgt. Menschliche und kirchliche Systeme haben Wege zur Errettung von Kindern aufgestellt, aber oftmals lassen sie eine gesunde biblische Grundlage vermissen. Natürlich kann es nicht zwei unterschiedliche Wege der Errettung geben, einen für Erwachsene und einen für Kinder. Ein Kind muss auf der gleichen Grundlage errettet werden wie jeder andere auch. Dieser Weg wurde in den vorangegangenen Kapiteln bereits dargelegt.

Das Problem, das auftaucht, wenn man Kindern zur Errettung verhelfen möchte, besteht darin, dass es für ein kleines Kind beispielsweise unmöglich ist, das Evangelium verstandesmäßig zu erfassen und den rettenden Glauben auszuüben. Aufgrund dieser Schwierigkeit haben gewisse kirchliche Systeme die Auffassung vertreten, dass Kinder von Gläubigen automatisch errettet sind, weil sie gläubige Eltern haben. Eine denkbare Ursache für diese Vorstellung finden wir in 1. Korinther 7,14. Die Bibel sagt, dass Kinder, die ein gläubiges Elternteil haben, als »heilig« angesehen werden. Was bedeutet das?

In der Bibel werden aus Gottes Sicht sogar gegenständliche, materielle Dinge als heilig bezeichnet, wie Tempelgefäße oder die Gewänder der Priester. Warum? Weil sie zum Gebrauch Gottes für heilige Zeremonien abgesondert waren. Das hatte nichts mit Errettung zu tun. Als »heilig« angesehen zu werden, bedeutet in diesem Fall also, dass die Kinder von Gläubigen in einer bevorrechtigten oder begünstigten Position sind. Ihnen wird schon in jungen Jahren die Lehre der Heiligen Schrift nahegebracht. Sie stehen in ihrer frühen Kindheit unter Gottes besonderer Fürsorge. Das bedeutet allerdings nicht, dass sie sich der Errettung für den Rest ihres Lebens sicher sein können.

Häufig rufen uns Eltern, die nicht einmal die Kirche besuchen, und fragen uns, ob wir ihre Säuglinge oder kleinen Kinder taufen würden. Wenn wir dann sagen: »Wir praktizieren so etwas nicht, auch nicht bei Säuglingen aus unserer Gemeinde«, ist das Gespräch beendet. Wir verstehen, dass sie für ihre Kinder irgendeine Zusicherung für den Himmel haben möchten. Wenn wir glauben würden, dass die Taufe Kinder errettet, dann würden wir jedes nur verfügbare Kind taufen. Ich wünschte, wir könnten das, doch können wir es nicht mit einem guten Gewissen und biblischer Autorität tun.

Die Kinder Israels wurden »das auserwählte Volk« genannt. Obwohl sie für Gottes Absichten abgesondert waren, rebellierten viele von ihnen gegen den Herrn und gingen verloren. Der Herr sagte: »Ich habe Kinder großgezogen und auferzogen, sie aber haben mit mir gebrochen« (Jes 1,2). Sie hatten den Herrn verlassen, den Zorn des »Heiligen Israels« erregt (V. 4). Sie wurden zur Buße aufgerufen und erhielten die Verheißung auf Reinigung, wenn sie zum Herrn zurückkehren würden (V. 16-18). Doch die meisten Israeliten hörten nicht auf Gott und wurden demzufolge durch ewiges Feuer gerichtet (V. 31). Das Gleiche kann »geheiligten« Kindern von wahren Gläubigen widerfahren, wenn ihre frühe Kindheit hinter ihnen liegt und sie sich persönlich vor Gott verantworten müssen.

Vielfach sagen die Leute: »Ich habe schon immer geglaubt.« Das kann aber nicht stimmen, denn niemand ist seit seiner

Geburt ein Christ, sondern ein Sünder – zumindest seinen Neigungen nach. David sagte: »Siehe, in Schuld bin ich geboren, und in Sünde hat mich meine Mutter empfangen« (Ps 51,7). Der Herr sagte über Israel, dass man es »›abtrünnig von Mutterleib an‹ genannt hat« (Jes 48,8). Wir wurden mit einer sündigen Natur geboren und nicht als unschuldige und unverdorbene kleine Geschöpfe. Wir sind Teil einer verurteilten Menschheit, die bei Adam ihren Anfang nahm, lange bevor das Gesetz und die Propheten kamen. Aus diesem Grund herrscht der Tod (Röm 5,12-21), und das Urteil Gottes betrifft alle Menschen (Joh 3,18). Durch die natürliche Geburt oder die Wassertaufe können wir nicht »wiedergeboren« werden (Joh 1,13; 3,5-7). Die geistliche Geburt ist erforderlich, um in das Reich Gottes einzutreten.

Was ist nun das Schicksal von Säuglingen und kleinen Kindern, die in frühen Jahren sterben? David sagte von seinem toten Kind: »Ich gehe einmal zu ihm, aber es wird nicht zu mir zurückkehren« (2Sam 12,23). Er hatte die Erwartung, sein Kind im Himmel wiederzusehen.

Menschen wurden bereits von ihren Sünden gereinigt, noch bevor der Herr auf die Erde kam. Durch das Opfern von Tieren wurde das große und abschließende Opfer des Herrn Jesus im Voraus in Anspruch genommen. Er wurde als »das Lamm Gottes, das die Sünde der Welt wegnimmt« bezeichnet (Joh 1,29). Das Zurechnen des Erlösungswerkes Christi im Voraus meint die Sünden, die vor dem Opfertod Christi begangen wurden. Wenn Menschen dem Aufruf Gottes folgten, Ihm gehorchten und das entsprechende Tieropfer erbrachten, heiligte es sie (sonderte es sie von den Unerretteten ab) »zur Reinigung des Fleisches« (Hebr 9,13). Nur durch das vergossene Blut Christi kann es für alle Menschen Vergebung geben (Hebr 9,12.22). Das schließt die Sünden der Gläubigen des Alten Testamentes ein, womit auch deren Sünden durch den Tod Christi im Voraus bedeckt wurden.

Es steht bei Gott, das Blut Christi nach Seinem Willen auf jeden anzuwenden – vom Anfang der Menschheitsgeschichte bis zu ihrem Ende. Es ist ein Teil von Gottes Charakter, dass Er absolut gerecht und unparteiisch ist. Abraham fragte: »Sollte der Richter der ganzen Erde nicht Recht üben?« (1Mo 18,25). Einem solchen Richter können wir das Schicksal von allen Säuglingen und Kleinkindern getrost anvertrauen. Es ist nicht notwendig, die Lehre von einem »Zwischenstadium« zu erfinden. Der Urheber, die römisch-katholische Kirche, meint damit einen vorübergehenden und begrenzten Zustand, in den Säuglinge und Kinder gelangen, die die christliche Taufe nicht empfangen haben. Diese Vorstellung bietet der Kirche die Möglichkeit, den schrecklichen Gedanken »der Verdammung von Kleinkindern« für alle ungetauften Kinder zu umgehen. Es gibt keine biblische Grundlage für das Einführen von Paten (die Gelübde für das Kind übernehmen) oder der Firmung (bei der die Kinder diese Gelübde für sich selbst übernehmen). Die Errettung ist nicht in der Wassertaufe zu finden. Es gibt im ganzen Neuen Testament keinen klar erkennbaren Bericht von der Taufe eines Säuglings oder Kleinkindes. Wenn ihre Errettung auf diese Weise möglich wäre, würde die Bibel das deutlich mitteilen. Das Besprengen der Stirn »in Form eines Kreuzes« macht aus ihnen keine Christen. Es ist jedoch verständlich, dass besorgte Eltern solche Rituale wünschen, um sicherzugehen, dass ihr Kind in den Himmel kommt. Zur Erinnerung: Einige der bösartigsten Menschen in der Weltgeschichte, wie beispielsweise Adolf Hitler, erhielten durch die Kirche in jungen Jahren die christliche Taufe.

Gemeinden, in denen die Bibel gelehrt und das Evangelium gepredigt wird (sogenannte fundamentale, evangelikale oder auch konservative Gemeinden), haben ihre eigenen Fallstricke, die es zu umgehen gilt. Da sie glauben, dass der persönliche Glaube und die Hingabe an Christus der Taufe vorangehen, findet man in ihnen häufig eine übertriebene Eile, Kinder zu einer »Entscheidung für Christus« zu drängen. Mitarbeiter der Kinderevangelisation, Freizeitleiter, Sonntagsschullehrer und besorgte Eltern helfen Kindern gerne dabei, »Jesus in ihr Herz aufzunehmen« – gelegentlich setzen sie sie sogar unter Druck. Einige möchten uns glauben machen, dass Kinder im Alter von 2-5 Jahren eine reife und wohlüberlegte Lebensübergabe an Christus vollziehen können und somit errettet werden. Man ist offenbar der Ansicht, dass sie vorher nicht errettet waren, nicht unter dem Schutz des Blutes Christi standen. Kindern wird oft vermittelt, dass sie ein Gebet sprechen oder nach vorne kommen müssen, um errettet zu werden. »Du möchtest doch bei Jesus sein, nicht wahr? Oder willst du in die Hölle kommen?« Natürlich nicht! Auf diese Art und Weise treffen sie eine »Entscheidung« unter emotionalem Druck.

Das führt uns zu dem nicht einschätzbaren »Alter der Verantwortlichkeit«, dem Alter, von dem man annimmt, dass Kinder für ihre Seelen vor Gott verantwortlich werden. Welches Alter ist gemeint? Das kann niemand sagen. Es gibt keine Aussagen in der Schrift, die das belegen. Vielleicht sollte man es besser »das Alter der Verständnisfähigkeit« nennen, in dem Kinder begreifen können, welche Verhaltensweisen sündig sind und Buße erfordern. Wann können sie Egoismus und Ungehorsam als Sünde identifizieren? Wann sind sie überführt und davon getroffen? Wann verstehen sie das Evangelium wirklich? Wissen sie, wer Jesus ist und was es bedeutet, errettet zu sein? Ist ein einfaches Verständnis dieser Wahrheiten über die Errettung eine zu hohe Erwartung in Bezug auf eine »Entscheidung für Christus«? Es ist wohl so, dass das Alter oder der Zeitpunkt bei jedem Kind unterschiedlich ist. Die Entwicklung eines Kindes beinhaltet die Übergangszeit der Pubertät, die nicht bei jedem identisch ist. Obwohl Jesus im Alter von 12 Jahren einen entscheidenden Schritt in Richtung Erwachsenwerden tat (Lk 2,40-52), kann das nur als eine Richtmarke angesehen werden und nicht als ein biblisches Gesetz. Kinder sollten schon früh im Leben lernen, zwischen richtig und falsch zu unterscheiden; doch muss man auch bedenken, dass Kinder sehr verschieden sind. Die Reife, die sich in der Fähigkeit zeigt, wichtige moralische Entscheidungen zu treffen, stellt sich meist zu einem späteren Zeitpunkt im Leben ein. Obwohl Kinder die *Tatsachen* des Evangeliums in jungen Jahren verstehen können, sind sie nicht in der Lage, *moralische Entscheidungen* zu treffen, die ihre gesamte Zukunft angehen.

Es ist wichtig, dass Kinder nicht manipuliert oder zu »Entscheidungen« gedrängt werden. Selbst wenn ein Kind *anfängt*, wichtige geistliche Fragen zu stellen, ist es nicht unbedingt die beste Zeit, es zu einer Lebensübergabe zu bewegen. Es mag weiser sein, auf echtes geistliches Verständnis und den *starken* Wunsch nach Errettung zu warten. Eine einfache Lektüre über die Errettung oder ein Bibelkurs können nützlich sein. Kinder sollten dazu ermutigt werden, mit einem reifen, angesehenen Mitarbeiter oder Bibellehrer zu reden und nicht *nur* mit ihren Eltern. Es ist gut möglich, dass die Eltern nicht vollkommen objektiv sind. Übereilen Sie nichts. Ist bei dem Kind wirkliche Überzeugung, Interesse, ein ernsthafter Wunsch sowie Ausdauer vorhanden, Gott zu suchen? Wenn das der Fall ist, raten wir, das Kind zum Verfassen eines einfachen Zeugnisses zu animieren. Es sollte aufschreiben, wie und wann es Buße getan hat, den Herrn Jesus als seinen Herrn und Erlöser aufnahm und Ihm aufgrund Seines Werkes völlig vertraute, von Gott angenommen worden zu sein. Erklären Sie dem Kind die Aufgabe sehr genau. Noch sorgfältiger sollten Sie sich anschließend das Zeugnis ansehen.

Das Wirken des Heiligen Geistes befähigt auch Kinder, ein gottgefälliges Leben zu führen. Die Glaubenstaufe ist die zu erwartende Folge der Errettung (Mt 28,19; Apg 2,38.41). Ebenso ist es wichtig, Kindern zu dem Verständnis zu verhelfen, dass es ein Vorrecht ist, *wohlüberlegt* am Mahl des Herrn teilzunehmen (1Kor 11,23-29). Die Taufe und das Mahl des Herrn sind die beiden einzigen neutestamentlichen Anordnungen, die Gott Seinen Kindern zur Einhaltung geboten hat.

Im Leben vieler Kinder, die bekennen, Christen zu sein, findet man ein typisches, aber Besorgnis erregendes Schema. Am Anfang steht der Zeitpunkt, an dem das Kind »Jesus in sein Herz aufnimmt«. Anschließend folgt eine längere Phase, in der man die Taufe hinauszögert. Diese Zeitspanne geht möglicherweise mit geistlichem Abschweifen einher und die Nachfolge des Herrn wird vernachlässigt. Danach kommt die »Wieder-Hingabe meines Lebens«-Stufe, die auf einem Gebet aus der frühen Kindheit beruht. Diese Wieder-Hingabe könnte eine Auslieferung an Jesus Christus als Herrn sein. Wenn es dafür Anhaltspunkte gibt, ist es wahrscheinlicher, dass dies der wirkliche Augenblick der Bekehrung war. Ist eine Erneuerung des Lebens tatsächlich zu erkennen, so beginnt das geistliche Leben zu wachsen. Eventuell sollte das Kind zu diesem Zeitpunkt über die Taufe nachdenken. Ist in irgendeinem Punkt ein »Abfallen« vom Herrn, Seinen Kindern und Seinen Wegen zu beobachten, muss die Beziehung des Kindes zum Herrn von ihm selbst, seinen Eltern und seinen Gemeindeleitern neu überdacht werden. Dieser Entschluss ist äußerst wichtig. Seien Sie nicht zu voreilig, indem Sie das Kind auf 1. Johannes 1,9 verweisen: »Wenn wir unsere Sünden bekennen, ist er treu und gerecht, dass er uns die Sünden vergibt und uns reinigt von jeder Ungerechtigkeit.« Das trifft nur dann zu, wenn man wirklich sicher ist, dass eine wahrhaftige Errettung vorliegt. Die Errettung beinhaltet mehr als das Bekenntnis der Sünden vor Gott. Zur Wiederherstellung der Gemeinschaft eines Gläubigen mit Gott ist mehr als nur ein Bekenntnis notwendig. Es erfordert zudem, dass die betreffende Sünde aufgegeben wird (Spr 28,13).

Können Kinder errettet werden? Ja, auf die gleiche Art und Weise, auf der selben Grundlage und mittels der gleichen Evangeliumsbotschaft wie jeder andere auch. Der Lebensverlauf, der anschließend folgt, beruht auf den »mit der Seligkeit [Errettung] verbundenen Dingen« (Hebr 6,9). Damit ist das Leben für Christus heute gemeint. Es sollte sich nicht auf eine Hoffnung stützen, die einer »Entscheidung« der frühen Kindheit entstammt und der sich wenig oder keine Beweise der lebensverändernden Gegenwart des innewohnenden Heiligen Geistes angeschlossen haben.

Fragen zum Selbststudium

Wie haben Sie in der Vergangenheit Kindern geantwortet, die die Frage stellten: »Wie kann ich sicher sein, dass ich in den Himmel komme?«

Was würden Sie heute mit einem Kind tun, das sich nach der Errettung erkundigt? Von welchen Bibelstellen würden Sie sich leiten lassen?

Was haben Sie bisher über das sogenannte »Alter der Verantwortlichkeit« bei Kindern gedacht – oder was denken Sie jetzt? Wann können Sie *ganz sicher* sein, dass ein Kind vor Gott verantwortlich ist hinsichtlich Buße, dem Verständnis des Evangeliums und einer Lebensübergabe an Christus?

Worin bestehen zumindest *drei Gefahren* bei der Kinderevangelisation, die bekannt sein und vermieden werden sollten?

Kapitel 9

Was ist mit denen, die nie vom Evangelium gehört haben?

Die Frage, »was mit denen ist, die nie von Christus und dem Evangelium gehört haben«, ist berechtigt und auf keinen Fall einfach zu beantworten. Überraschenderweise wird diese Frage oftmals, wenn auch nicht unweigerlich, von Ungläubigen gestellt, die der Aufforderung des Evangeliums nicht nachkommen; jedoch weniger häufig von denen, die ernsthaft an den Unerretteten interessiert sind. Ich gehe auf diese Herausforderung folgendermaßen ein: »Würden Sie Ihr Leben an Christus im Glauben ausliefern, wenn ich diese Frage beantworte?« Nicht eine einzige Person sagte daraufhin »Ja«. Es ist nicht das, was sie hindert. Meiner Meinung nach liegt das Hauptproblem darin, Christus die Kontrolle in ihrem Leben zu überlassen. Allerdings verpflichtet die Frage noch zu einer Antwort. Wir können die Zweifel einiger Leute über die Notwendigkeit der Errettung durch Christus allein nicht vollständig beiseite räumen, bevor wir diese Frage nicht behandelt haben. Selbst Christen können aufrichtige Zweifel darüber hegen.

Zunächst müssen wir uns die vielen Schriftstellen anschauen, die den verlorenen Zustand der ganzen Menschheit herausstellen. Anschließend gehen wir zu der Lehre des Herrn Jesus und der Apostel über, in der mit Nachdruck erklärt wird, dass Christus der einzige Weg zu Gott ist. Es sind nicht engstirnige Behauptungen von Menschen mit einer vermessenen und einseitigen religiösen Ausrichtung, sondern das, was Gott in Seinem Wort mitteilt.

Gehen alle Heiden ohne Christus verloren?

Das Wort Heiden ist in der Schrift wahlweise mit Nichtjuden oder Nationen übersetzt worden – gemeint sind unbekehrte Menschen. Das sind nicht nur diejenigen, die einen niedrigen sozialen Stand haben oder ungebildet sind. Das Wort »*verloren*« bedeutet unerrettet, von Gott getrennt. Ihr Leben ist sowohl im Hinblick auf Gott als auch auf dieser Erde verloren. Wie alle unerretteten Menschen sind sie »schon gerichtet« (Joh 3,18). Sie steuern auf ein ewiges Verlorensein hin. Der Herr Jesus erklärte Seinen Auftrag auf Erden in Lukas 19,10: »Denn der Sohn des Menschen ist gekommen, zu suchen und zu retten, was verloren ist.« Ohne das Kommen des Herrn und die Predigt des Evangeliums wären die Verlorenen weiterhin ohne »Hoffnung und … ohne Gott in der Welt« (Eph 2,12). Der Herr berief die Gläubigen des Alten Testamentes, das Licht der Nationen zu sein, die Augen der Blinden zu öffnen, die Gefangenen aus dem Kerker und der Finsternis herauszuführen (Jes 42,6-7). Das ist eine anschauliche Beschreibung des geistlichen Zustandes der Heiden.

Die Zukunft der Unerretteten besteht nicht in der Auslöschung ihrer Seelen, wie viele Leute glauben. Die Unerretteten werden für immer existieren. Sie werden ewige Qualen bei vollem Bewusstsein erleiden. Der biblische Gedanke ist nicht die Auslöschung, sondern der des Untergangs, des Verlustes; und zwar nicht der Verlust der Existenz, sondern der des Wohlergehens (Vine, *Auslegungswörterbuch*). Der Herr illustrierte das in Seiner bekannten Darstellung des reichen Mannes im Hades (Lk 16,23-30). In den vier Evangelien verwendete der Herr Jesus das Wort Hölle, das normalerweise von dem hebräischen *gehenna* abstammt, etwa 10-mal. Gehenna ist der Ort des ewigen Feuers (Offb 20,10.14). Der Herr Jesus sprach mehr von der Hölle oder dem Hades als vom Himmel und beschrieb sie als einen schrecklichen Ort des Leidens. Es ist auch der Ort, an dem man ewig von Gott getrennt ist, an dem keine Hoffnung besteht zu entkommen. Alle Menschen auf der Welt benötigen die Errettung im Diesseits, ansonsten werden sie umkommen (Joh 3,16). Alle stehen »unter der Sünde« (Gal 3,22; Röm 3,9). Alle sind »von Natur Kinder des

Zorns« (Eph 2,3) und sitzen »in Finsternis und Todesschatten« (Lk 1,79). Was ist der Grund dafür? Wir alle sind Sünder vor einem absolut heiligen Gott (Röm 3,23).

Man hört die Leute häufig sagen: »Es gibt viele Wege zu Gott.« Trotz der vielen Widersprüche meinen sie, dass alle Religionen die gleiche Berechtigung haben und jede die Wahrheit beinhaltet. Sie sagen, dass sie alle notwendig sind und wir nur »aufrichtig« in unserer Überzeugung sein müssen. Die Bibel lehrt jedoch das Gegenteil. Gott befahl die Zerstörung der Kanaaniter, der Bewohner des heiligen Landes, aufgrund ihrer religiösen Praktiken, ihrer Götzen und ihrer bösen Handlungen. Gott verurteilte die Verehrung der Götter Ägyptens, Babyloniens und der mythologischen Gottheiten der Griechen; auch setzte Er der Verehrung der römischen Gottheiten ein Ende. Er verurteilte den Spiritismus ebenso wie die Astrologie. Die Schrift lehrt keine Reinkarnation, keine Wiederkehr zur Erde in anderer Gestalt aufgrund des »Karmas« oder guter Taten. Es gibt nach diesem Leben keine »zweite Chance«.

Im Alten Testament wurden die Israeliten von Gott als Hüter der Heiligen Schriften auserwählt, um den einzigen Weg zu Gott aufzuzeigen. Ihnen wurde die große Ehre zuteil, den Erlöser, den Messias, hervorzubringen, der die Bewohner der Erde erretten würde. Wir kennen Ihn als Jesus von Nazareth.

Der Gott Israels, der Gott Abrahams ist der *einzig* wahre Gott und der Schöpfer aller Dinge. Sein Erlösungsplan wurde in alttestamentlichen Symbolen und Ritualen und in Seinem Wort aufgezeigt. Es gibt nicht mehrere Götter, »denn einer ist Gott« (1Tim 2,5). Es gibt nicht mehrere Wege zu Gott. Der Herr Jesus sagte: »Ich bin der Weg und die Wahrheit und das Leben. Niemand kommt zum Vater als nur durch mich« (Joh 14,6). Er war das Wort Gottes, das Mensch wurde (Joh 1,1-14). Wir müssen Ihn als unseren Herrn und Erlöser aufnehmen, um ein Kind Gottes zu werden (Joh

1,12). Nur wenn wir Ihn haben, besitzen wir ewiges Leben (1Jo 5,12). Wenn jemand dem Sohn nicht glaubt und gehorcht, bleibt »der Zorn Gottes … auf ihm« (Joh 3,36). Die Bibel widerspricht der Allversöhnungslehre, die besagt, dass eines Tages alle Menschen errettet werden (Mt 25,46).

Deshalb senden wir aufgrund des Befehls unseres Erretters Missionare in alle Welt (Mk 16,15; Mt 28,19). Aus diesem Grund gebietet Er den Gläubigen, Seine Zeugen zu sein (Apg 1,8; 2Kor 5,20). Der Herr warnt die Gläubigen, sich nicht der Verantwortung zu entziehen, anderen den Weg des Lebens weiterzuerzählen, ebenso wie Er die Ungläubigen vor den Konsequenzen warnt, wenn sie Seinem Aufruf nicht nachkommen (Hes 3,18-19). In der Bibel werden die Fragen aufgeworfen: »Wie aber sollen sie an den glauben, von dem sie nicht gehört haben? Wie aber sollen sie hören ohne einen Prediger?« (Röm 10,14). Diese Herausforderung gilt uns.

Wir müssen anderen sagen, dass der Herr Jesus der einzige Weg zur Errettung ist, auch wenn sie uns für intolerant und engstirnig halten mögen. Wenn wir erklären, dass es die Aussage Jesu ist (und nicht unsere), der einzige Weg zum Vater zu sein, muss man zu der Schlussfolgerung kommen, dass alle anderen Religionen falsch sind (Apg 4,12).

Was sollen wir über die Menschen sagen, die nie von dem wahren Weg zur Errettung gehört haben? Das einzig sichere Wissen, das wir besitzen, haben wir vom Herrn aus Seinem Wort. Lassen Sie uns noch einmal die Situation derjenigen aufmerksam prüfen, »die nie etwas vom Evangelium gehört haben«.

Für alle Menschen ist *geistliches Licht von Gott* vorhanden. Es ist das wahrhaftige Licht, das »jeden Menschen erleuchtet« (Joh 1,9). Möglicherweise ist es das innere Bewusstsein eines jeden, dass es einen allerhöchsten Gott gibt, der den Menschen erschaffen hat und mit dem alle versöhnt werden müssen. Es ist überwältigend, dass Menschen selbst inmitten der atheistischen Propaganda von heute sagen, dass sie noch an Gott glauben. Auch unter dem stärksten Druck der kommunistischen Diktatur und der vom Staat kontrollierten Erziehung glauben Menschen an Gott. Diese Überzeugung ist mehr als die Furcht vor dem Unbekannten oder als eine emotionale Abhängigkeit.

Wir sind nicht für das verantwortlich, was wir nicht wissen oder für das, was wir nicht in Erfahrung bringen können. Wir haben Verantwortung für die Dinge, von denen wir Kenntnis besitzen oder in die wir Einblick haben. Gott ist absolut gerecht! Wir können Ihm vertrauen, dass Er jede einzelne menschliche Reaktion auf die geistliche Einsicht beurteilt, die der jeweiligen Person gegeben wurde. Traurigerweise scheinen die Menschen nur selten auf Gottes Stimme zu reagieren und lieben »die Finsternis mehr … als das Licht« (Joh 3,19). Gewöhnlich schätzen es die Unerretteten nicht, sich des einzig wahren Gottes bewusst zu sein (Röm 1,28). Häufig machen sie sich ihre eigenen Vorstellungen von Gott und sind doch »ohne Entschuldigung« (Röm 1,20). Es ist tragisch, »keine Hoffnung« zu haben und »ohne Gott in der Welt« zu sein (Eph 2,12). Noch schlimmer ist es allerdings, wenn die Menschen darüber nicht einmal beunruhigt sind.

Das Zeugnis des Gewissens hängt eng mit dem ersten Punkt zusammen. Durch das Gewissen sind wir fähig, zwischen dem Richtigen und Falschen zu unterscheiden. Es wird das Bewusstsein oder das Überzeugtsein von Sünde genannt, aufgrund dessen Menschen verantwortlich gemacht werden. Römer 2,15 stellt fest, dass »sie beweisen, dass das Werk des Gesetzes [das Wort Gottes] in ihren Herzen geschrieben ist, indem ihr Gewissen mit Zeugnis gibt und ihre Gedanken sich untereinander anklagen oder auch entschuldigen«. Das Gewissen kann von der Sünde beschmutzt und verhärtet werden und gegen Schmerzen sogar unempfindlich sein, so als wären die Menschen »betreffs des eigenen Gewissens wie mit einem Brenneisen gehärtet« (1Tim 4,2 – UELB). Auf der anderen Seite können wir es uns aussuchen, mit »gutem Gewissen vor Gott« zu leben (Apg 23,1). Ob wir weitere geistliche Einsicht erhalten, hängt davon ab, inwieweit wir auf unser Gewissen hören.

Das Zeugnis der Schöpfung. Selbst die unwissendste Person kann sich umschauen, den Himmel betrachten und die Beweise für einen intelligenten Plan in der Welt erkennen. Dem kann man nicht entkommen. Irgendein großes Wesen hat all das geschaffen. Darum sagt auch nur ein Narr: »Es ist kein Gott!« (Ps 14,1). Es wurden enorme Anstrengungen unternommen, um die Leute davon zu überzeugen, dass die Komplexität des Leben und die komplizierte Beschaffenheit dieser Welt einem blinden Zufall zuzuschreiben ist. Man nimmt an, dass das Leben ohne Ursache aus dem Nichts oder aus einer »chemischen Ursuppe« entstanden ist, deren Ursprung nicht geklärt ist. Es wird behauptet, dass der Mensch ein Nachkomme einer einzigen organischen Zelle ist, aus der erst der Fisch, dann der Affe und schließlich der Mensch hervorgegangen ist. Allerdings gibt es keine unbestrittenen Übergangsformen, die aufgrund der vorhandenen Fossilien den klaren Beweis erbracht hätten; sollten sie aber wirklich existieren, so müsste es Millionen von ihnen geben. In der Astronomie finden wir die »Urknall-Theorie«, mit der man den Anfang unseres Universums zu erklären versucht. Wie kam es jedoch zu diesem Urknall? Was war die Ursache von allen späteren Erscheinungen? Das lässt einen an Römer 1,20-22 denken: »Denn sein unsichtbares Wesen, sowohl seine ewige Kraft als auch seine Göttlichkeit, wird seit Erschaffung der Welt in dem Gemachten wahrgenommen und geschaut, *damit sie ohne Entschuldigung seien*; weil sie Gott kannten, ihn aber weder als Gott verherrlichten noch ihm Dank darbrachten, sondern in ihren Überlegungen in Torheit verfielen und ihr unverständiges Herz verfinstert wurde. Indem sie sich für Weise ausgaben, sind sie zu Narren geworden.«

Auf welche Weise erhalten diejenigen eine genauere Kenntnis über den wahren Gott, die vom Evangelium noch nie etwas gehört haben? Eine Möglichkeit besteht darin, dass Gott einen aufrichtig Suchenden zu jemandem senden kann, der ihm den Weg aufzeigt. Ein biblisches Beispiel dafür ist der römische Hauptmann Kornelius (Apg 10). Er war ein nicht-erretteter, aber frommer Mann, der Gott zusammen mit seinem ganzen Haus fürchtete, den Juden viele Almosen gab und beständig zu Gott betete (V. 2). Er hatte die *Erscheinung* eines Engels Gottes, der ihm mitteilte, dass Gott seine aufrichtige Suche nach Ihm bemerkt hatte (V. 3-4). Er erhielt den Auftrag, mit Petrus Kontakt aufzunehmen, um die wahrhaftige Errettung in Christus zu finden. In diesem Augenblick begriff Petrus, »dass Gott die Person nicht ansieht, sondern in jeder Nation ist, wer ihn fürchtet und Gerechtigkeit wirkt, ihm angenehm« (V. 34-35). Anschließend erzählte der Apostel Kornelius vom Herrn Jesus und erklärte ihm, dass der Tod und die Auferstehung Jesu aufgrund seiner Sünden notwendig waren und er nun an Ihn glauben muss (V. 38-43). Kornelius glaubte und wurde getauft. Das ist ein Beispiel dafür, wie Gott einen suchenden Menschen zu einem Gläubigen führt und ihn somit vom Evangelium Christi wissen lässt.

Eine *zweite* Möglichkeit ist es, dass Gott einen seiner Diener zu jemandem führt, der für die Wahrheit offen ist, so wie in der Geschichte des äthiopischen Kämmerers (Apg 8,26-39). Ein Engel des Herrn gab Seinem Diener Philippus den Auftrag, einen einsamen Weg entlang zu gehen und zu einem einzigen Mann zu sprechen, der die Schriften las und über deren Bedeutung nachdachte (V. 26-28). Der Äthiopier sagte, dass er Hilfe zum Verständnis des Gelesenen benötigte (V. 30-31). Philippus erklärte ihm die prophetische Schriftstelle, die von Jesus, dem Messias, sprach (V. 32-35). Der Äthiopier sagte daraufhin: »Ich glaube, dass Jesus Christus der Sohn Gottes ist« (V. 37), und wurde auf der Stelle getauft. (Dieser Vers ist jedoch nicht in allen deutschen Bibelübersetzungen vorhanden.) Folglich sehen wir, dass der Herr sowohl einen Suchenden zu einem Gläubigen führen kann als auch umgekehrt einen Seiner Diener mit einem Suchenden Kontakt aufnehmen lässt, um ihm den Weg der Errettung aufzuzeigen.

Es ist angenommen worden, dass Gott mit den Menschen, die das Evangelium nicht gehört haben, auf der Grundlage Seiner Allwissenheit handeln wird. Das bedeutet, dass Er weiß, wie sie reagieren würden, wenn man ihnen das Evangelium gebracht hätte. Den Grund für diese Annahme finden wir in Matthäus 11,21-24, wo das ewige Schicksal der Einwohner von Tyrus, Sidon und sogar des verdorbenen Sodom erwähnt wird. Der Herr Jesus sagte, dass sie »längst in Sack und Asche Buße getan hätten«, wenn unter ihnen Seine Wunderwerke geschehen wären. Er sagte auch, dass es ihnen am Tag des Gerichts erträglicher gehen würde. Aber eine weniger harte Strafe ist nicht das Gleiche, wie errettet zu sein. Der Vergleich des Herrn zwischen den gottlosen Städten und den Ihn ablehnenden Israeliten ist kaum dazu geeignet, den Heiden Hoffnung zu machen. Es mag zwar richtig sein, aber noch ist es eine Spekulation.

Tatsache ist, dass viele Menschen errettet werden, wenn Prediger und Missionare das Evangelium verkünden und die Bibel in fremde Sprachen übersetzt und anschließend verteilt wird. Ohne diese beiden Faktoren werden nur wenige errettet.

Anscheinend spricht Gott auch heute noch zu bestimmten Einzelpersonen durch Träume oder Visionen. Das wird von Muslimen und anderen Menschengruppen berichtet, die von ihrer Regierung und von religiösen Führern am Hören der Botschaft gehindert werden. Voraussichtlich wird denen eine besondere Offenbarung Gottes zuteil, die »entsprechend der geistlichen Einsicht leben, die ihnen gegeben wurde« oder denen, die aufrichtig suchen. Dennoch ist ihre Zahl sehr gering.

Der berühmte China-Missionar Hudson Taylor sagte: »Ich glaube nicht, dass die Heiden verloren gehen, weil sie das Evangelium nicht gehört haben. Wenn sie verloren gehen, dann aus dem selben Grund wie andere Menschen – weil sie Sünder sind.« Zu einer anderen Gelegenheit sagte er: »Ich hätte niemals daran gedacht, nach China zu gehen, wenn ich nicht geglaubt hätte, dass die Chinesen verloren sind und deshalb Christus benötigen.«

Es besteht eine unvermeidbare Notwendigkeit, sich die Wahrheit vor Augen zu halten, dass wir nur errettet werden können, wenn wir die Verdienste des Herrn Jesus Christus für unser Leben in Anspruch nehmen, die Er durch Sein Werk am Kreuz für jeden Sünder erworben hat. »Und er ist die Sühnung für unsere Sünden, nicht allein aber für die unseren, sondern auch für die ganze Welt« (1Jo 2,2). Die Bibel sagt, dass es keine andere Möglichkeit der Errettung gibt als die, die uns in dem Sohn Gottes angeboten wird (Apg 4,12).

Fragen zum Selbststudium

Welche Haltung (innere Überzeugung) hatten Sie in der Vergangenheit hinsichtlich der Errettung der Menschen, die das Evangelium Christi nie gehört haben oder nicht einmal etwas über den Herrn Jesus wissen? Wie hat sich das auf Ihr Handeln ausgewirkt, wenn überhaupt?

Beweisen Sie anhand der Bibel kurz, dass alle nicht-erretteten Menschen verloren sind, solange sie nicht durch das Blut Christi von ihren Sünden gereinigt werden!

Definieren Sie die Lehre der ewigen Auslöschung der Seelen und die der Allversöhnung! Beweisen Sie anschließend mit der Schrift, weshalb diese Lehren nicht biblisch sind!

Führen Sie wenigstens drei Möglichkeiten auf, durch welche diejenigen noch geistliches Licht von Gott erhalten, die das Evangelium nicht gehört haben! Belegen Sie Ihre Darstellung mit Bibelstellen!

Abschließende Zusammenfassung

Dieses Buch wurde mit dem Wunsch geschrieben, dass so viele Menschen errettet werden wie möglich – das ist auch Gottes Anliegen. Es richtet sich besonders an diejenigen, die sich auf eine falsche Sicherheit verlassen.

Wir haben versucht, viele schwierige Fragen zu behandeln, über die es schon lange Diskussionen gab. Wir hatten dabei immer die Frage im Sinn: »Was sagt die Schrift?« (Röm 4,3). Auch bei den Reden des Herrn Jesus war das ausschlaggebend. Damit sie den Weg des ewigen Lebens finden würden, sagte Er Seinen Zuhörern: »Erforscht die Schriften« (Joh 5,39). Er erläuterte die Worte der Heiligen Schrift (Lk 24,27). Den Fragenden unter den religiösen Führern sagte Er, dass sie ein falsches geistliches Verständnis haben, weil sie die Schriften nicht kennen (Mt 22,29). Wenn Er die Schrift zitierte, klärte Er die Angelegenheit mit der einfachen Aussage: »Es steht geschrieben.« Das war das abschließende Wort und es gab kein weiteres, das noch maßgebend gewesen wäre.

Diejenigen, die bekennen, die Bibel als das Wort Gottes zu ehren, müssen ihren Glauben und ihr Denken sorgfältig mit den ausdrücklichen Aussagen der Schrift vergleichen, besonders hinsichtlich der Behauptung, Christ zu sein. Das Gleiche trifft auf die zu, die lediglich Respekt vor dem »guten Buch« haben wie vor einem unter vielen guten Büchern. Wenn es in jeder Hinsicht gut ist, dann sollte man ihm vertrauen und seine Aussagen über die Errettung nicht missachten. Es ist ein furchtbarer Fehler mit ewigen Folgen, wenn wir in Bezug auf dieses Thema ein unangebrachtes Vertrauen in unsere persönlichen Ansichten setzen.

Das Beste ist, wenn wir uns hier schon auf die Begegnung mit Gott in der Ewigkeit und auf die folgende, theoretische Frage vorbereiten: »Warum sollte ich dich in meinem

Himmel aufnehmen?« Die Antwort sollte einfach nur lauten: »Der Heilige Geist hat mich von meiner Sünde überführt und mir die Notwendigkeit eines Erretters vor Augen gestellt. Ich besitze keine eigenen Verdienste, um den Anspruch zu erheben, von Dir aufgenommen zu werden. Der Herr Jesus Christus starb an meiner Statt, um die Strafe für meine Sünden zu bezahlen und um mich von aller Ungerechtigkeit zu reinigen. Ich habe der biblischen Botschaft des Evangeliums, dem Worte Gottes, wahrhaftig geglaubt. Ich habe Buße über meine Sünden getan und mein Leben vorbehaltlos dem Herrn Jesus Christus übergeben als meinem Herrn, Gott und Erretter, um für Ihn zu leben.« Wenn Sie das getan haben, stehen Sie auf einer soliden biblischen Grundlage. In der Tat sollte das der einzige Grund für Ihr Vertrauen sein. Es ist mein Wunsch, das dies auf jeden aufmerksamen Leser dieses Buches zutrifft.

Josh McDowell
Das kann ich nicht glauben
Antworten auf skeptische Fragen

Taschenbuch

224 Seiten
DM 4.80
ISBN 3-89397-788-0

Warum sollte man die Bibel ernstnehmen
– ein Buch, das schon fast 2000 Jahre alt
ist? Haben moderne archäologische
Funde nicht den Wahrheitsgehalt der
Bibel relativiert? Wenn Gott ein Gott der
Liebe ist – warum lässt er all das Elend in
dieser Welt zu? Gibt es auf solche und
ähnliche Fragen zufriedenstellende
Antworten?

Fragen zu den folgenden Themengrup-
pen werden in diesem evangelistischen
Buch behandelt: Die Bibel, Gott, Jesus
Christus, Wunder, ›Widersprüche‹ in der
Bibel, Weltreligionen, das Grabtuch von
Turin, die Schöpfung u. a. Früher
erschienen unter dem Titel ›Antworten
auf skeptische Fragen über den
christlichen Glauben‹.

DENKANSTÖSSE ZU LEBENSFRAGEN

Entweder – oder!

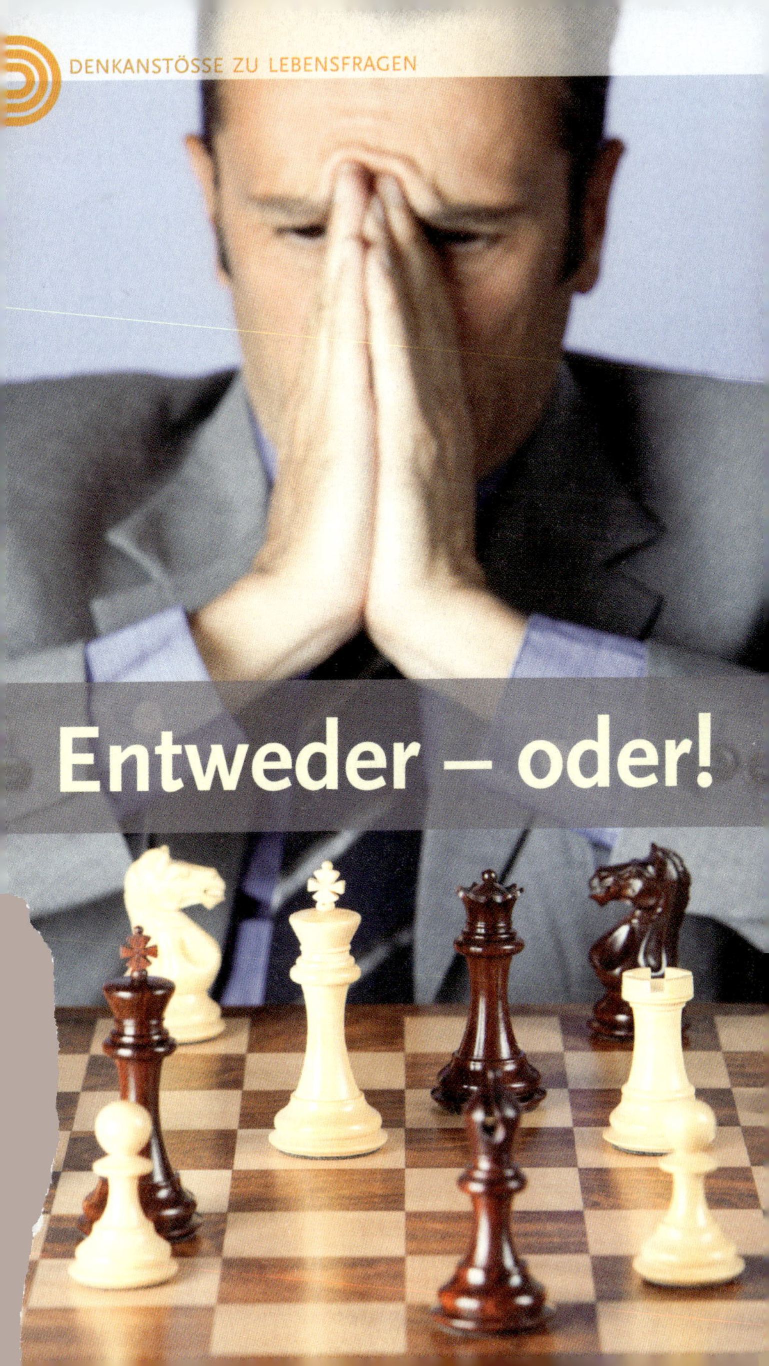

Jeder Mensch trifft täglich Tausende von Entscheidungen. Im Straßenverkehr, am Arbeitsplatz, in der Familie. Überall werden uns Entscheidungen abverlangt. Wünschen Sie sich manchmal einen „Kompass", der Ihnen hilft, die richtige Wahl zu treffen?

Für die wichtigste Entscheidung im Leben gibt es so einen Kompass. Denn Gott hat uns Menschen alles darüber mitgeteilt. Die alles entscheidende Frage ist: Wo werden Sie nach dem Tod sein? Werden Sie ewig verloren und von Gott getrennt in der Hölle sein? Oder werden Sie bei Gott im Himmel sein? Vor diese Entscheidung ist jeder Mensch gestellt. Tatsache ist:

Wenn ein Mensch nicht durch Gott gerettet wird, geht er ewig verloren. *„Denn der Lohn der Sünde ist der Tod ..."* (Die Bibel: Römer 6,23).

Jesus Christus ist der einzige Weg zur Rettung. Er sagt: *„Ich bin der Weg und die Wahrheit und das Leben; niemand kommt zum Vater als nur durch mich!"* (Die Bibel: Johannes 14,6).

Er starb am Kreuz stellvertretend für Sünder und ist auferstanden. Das ist die Grundlage ewiger Errettung. *„Er hat unsere Sünden selbst an seinem Leib getragen auf dem Holz, damit wir, den Sünden gestorben, der Gerechtigkeit leben mögen; durch seine Wunden seid ihr heil geworden"* (Die Bibel: 1. Petrus 2,24).

Wer an ihn glaubt, findet Vergebung von Sünde und Schuld. *„... das Blut Jesu Christi, seines Sohnes, reinigt uns von aller Sünde"* (Die Bibel: 1. Johannes 1,7).